AF248395

DE SAINTE-HÉLÈNE
AUX INVALIDES.

SOUVENIRS DE SANTINI

GARDIEN DU TOMBEAU

DE L'EMPEREUR NAPOLÉON.

PARIS.

IMPRIMERIE DE MADAME DE LACOMBE,

RUE D'ENGHIEN, 14.

1854.

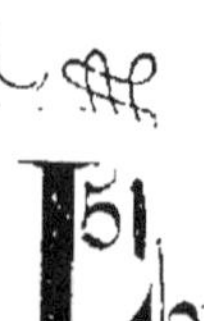

DE SAINTE-HÉLÈNE
AUX INVALIDES.

SOUVENIRS DE SANTINI

GARDIEN DU TOMBEAU

DE L'EMPEREUR NAPOLÉON.

PARIS.

IMPRIMERIE DE MADAME DE LACOMBE,

RUE D'ENGHIEN, 14.

1854.

DESCRIPTION DU TOMBEAU DE L'EMPEREUR NAPOLÉON.

Avant d'introduire le visiteur dans l'Hôtel Impérial des Invalides, de lui montrer le lit marmoréen, le sarcophage de Napoléon, que le lecteur nous permette de nous recueillir au nom seul du grand homme.

Napoléon ! gloire, force, puissance et dignité, honneur et courage, tels sont les idées et les sentiments qui surgissent lorsque le nom magique de l'Empereur est prononcé.

Telles seront dans les siècles futurs, ces épithètes, qui seront répétées avec respect dans les chaumières, avec amour dans la bouche des vieux soldats, de ceux qui ont pu admirer les rares vertus guerrières de ce grand capitaine, dont le front grave et majestueux, alors qu'il n'était que simple sous-lieutenant, brisait déjà, et par maint endroit, le masque étroit du simple officier.

C'est que Napoléon était sorti du sein du peuple, et qu'il représentait, aux yeux des nations, sa force et sa volonté.

C'est que, lorsque nos grandes armées marchaient enseignes déployées et au pas de charge, et que l'aigle volait de clochers en clochers, ce n'était pas l'homme seul, qui, du talon de sa botte impériale, brisait des trônes vermoulus ; mais bien l'idée de liberté matérialisée en lui, sous la forme du conquérant.

Interprète et cause première du progrès et des destinées d'un Empire, Napoléon, en dictateur romain, dans son manteau semé d'abeilles, portait la guerre et le germe de la paix à venir.

Par ses victoires, il préludait à l'instruction des peuples de l'Europe, à la culture des arts et de l'industrie. C'est sous son règne, que la jeune poésie prenant son vol, sous les plis déchirés du vieux drapeau tricolore, a pu s'élever assez haut pour suivre de l'œil dans l'infini l'aigle providentiel.

Les Béranger, les Méry, les Hugo, les Lamartine, les Belmontet, ne sont que des comètes qui, se réchauffant au feu du génie de l'Empereur, reflètent les rayons de sa gloire.

A donc, à lui l'amour des peuples, car le peuple, brave et généreux, ne s'attache qu'à ce qui est beau, grand et complet.

Et puis qui oserait nier dans deux cents ans d'ici, que son nom ne soit entouré d'un culte plus religieux encore.

Peut-être nos enfants se refuseront-ils à croire aux récits de nos grandes batailles, suivies de si grandes catastrophes. C'est alors, qu'attendris par les malheurs d'une si haute gloire, ils s'inclineront devant son buste, comme devant celui d'une puissance céleste, et se pressant autour de ses dépouilles mortelles, tous envieront l'honneur de les toucher du doigt, se découvriront devant l'épée d'Austerlitz et de Wagram qui fit trembler le monde, et, honorant sa mémoire, s'agenouilleront devant son tombeau·

Peut-être, électrisés par tant de si riches et de si glorieuses infortunes, voudront-ils être initiés plus avant dans les tortures et les tourments que souffrit le grand homme.

Alors, ils songeront à son entourage, au caractère bronzé de ces vieux soldats d'Iéna et de Marengo, de Friedland et de la Moskowa, qui l'accompagnèrent dans son exil ! Dès lors, nous n'en saurions douter, plus d'une fois le nom de Santini expirera sur leurs lèvres.

Cette prévision, et l'ensemble de ce beau poème que l'on appelle : — Empire français, — nous ont donc seuls engagé à confier au public, ces notes que nous intitulerons : *Souvenirs de Santini* ; notes puisées à des sources certaines, et dont une lettre du comte Marchand et celle de M. le comte Emmanuel de Las-Cases, viennent garantir l'authenticité.

Mais pour ne point priver nos lecteurs de l'œuvre magistrale de l'architecte Visconti, commençons par la description concernant le tombeau de l'Empereur.

En entrant aux Invalides, sanctuaire des braves de la grande armée ; après avoir franchi la grille dite de l'Esplanade, le visiteur passe sous la porte royale, au fronton de laquelle se lit l'inscription suivante :

Ludovicus Magnus, militibus regali munificentiâ in perpetuum providens, has œdes posuit anno 1675.

C'est là, qu'habitent tous ces vieux braves, toutes ces vieilles moustaches au visage bruni et vieilli par maints combats ; toutes ces vieilles cicatrices, ces preux martyrs de la patrie, qui, à plusieurs reprises, ont affronté la mort et rempli le monde de l'éclat de leurs exploits.

Les restes mortels du grand Napoléon semblent ajouter un nouveau lustre à la gloire de ces vieux militaires ; et c'est en exécutant le testament de l'Empereur, en réclamant à l'Angleterre le sépulcre sacré de l'Homme-Dieu, que l'on peut dire que la France, dans ses annales, a fixé l'une de ses plus grandes dates.

Après la cour d'honneur, apparaît au visiteur un magnifique quadrilatère décoré de vastes portiques ou promenoirs dus à Libérat Bruant. En prenant le corridor de Metz, à gauche de la façade de l'Église, ces promenoirs viennent aboutir à la cour du Dôme, dite petite cour d'où s'élève la superbe coupole de Mansart, qui dirigea les travaux des châteaux de Marly et du Grand-Trianon. Sous cette coupole, et au-dessus de quatre marches, s'ouvre la petite porte qui conduit sous le dôme. C'est là que se trouve le gardien du tombeau, Noël Santini, celui-là même, amis lecteurs, qui a l'honneur de vous offrir cette courte notice, celui à qui l'Empereur Napoléon III, qui sait si bien reconnaître les services rendus à la France et à son glorieux oncle, a confié la garde du magnifique monument où dorment les restes sacrés du plus grand homme des temps anciens et modernes, de ce grand génie dont un de nos écrivains a tracé ainsi le portrait.

> Ce que la Grèce et Rome, et l'univers ensemble
> Eurent de plus parfait, dans César se rassemble;
> Prudent, ambitieux, homme de tous les temps,
> Héros chez les mortels, aigle par les talents,
> Éloquent, éclairé, d'un courage indomptable,
> Vivant, on le craignait. Mort, il est redoutable.

Or, ce sont maintenant ces restes sacrés que nous allons explorer avec le visiteur.

Franchissons donc les marches qui conduisent sous le dôme, dû au génie de Mansart.

Ce dôme, commencé sous Louis XIV, en 1675, ne fut terminé que sous Louis XV, en 1735. Son plan extérieur est un carré parfait, d'où s'élance la tour qui supporte la splendide coupole du dôme si riche d'ornementation, et où Lafosse semble avoir épuisé tout le génie de sa palette.

Ce dôme, d'une élévation et d'une grandeur étonnante, semble rivaliser, pour la magnificence et la hardiesse, avec la coupole de Saint-Pierre de Rome.

C'est sous cette coupole même, entre les chapelles où sont construits les monuments de Vauban et de Turenne, dans une crypte de marbre blanc de Carrare, de huit mètres de profondeur, et de quinze mètres soixante-quinze centimètres de diamètre, que se trouve le sarcophage de l'Empereur, enduit d'un granit corse.

En face de la crypte, à droite, entre l'église et le dôme, s'élancent quatre superbes colonnes torses de marbre noir antique, à bases et chapiteaux de bronze doré. Ces colonnes, de huit rimètres de hauteur sur un mètre de diamètre, supportent un riche baldaquin tout chatoyant de dorures, couronnant un splendide autel, dont les ornements provoquent l'admiration.

Les chandeliers, travaillés à l'antique, sont en argent doré; la patène, de même métal, est modelée d'après les dessins de Médiaeval.

Le maître-autel repose sur un élégant hémicycle de dix marches en marbre blanc. Au front du baldaquin, comme aux clés des chapelles qui entourent le dôme, sont les initiales de Saint Louis, un S et un L entrelacés.

Sur l'autel que nous venons de désigner, et sur lequel s'élève un Christ en bronze dû au talent de M. Friquetti, seront célébrés tous les ans, trois services : — La naissance, le couronnement, et la mort de Napoléon Ier.

En contre-bas de l'hémicycle, sont deux groupes d'anges en bronze doré, dus à M. Husson. Ce travail, qui personnifie l'idéal dans la sculpture et l'architecture, y poétise la religion.

L'âme un instant se recueille, et les voûtes silencieuses de la chapelle enveloppée d'une molle clarté font rêver à la puissance divine. A voir ce groupe d'anges en bronze doré qui décorent à droite et à gauche le maître-autel, on dirait des sentinelles avancées gardant le double escalier circulaire qui conduit à l'entrée de la crypte.

Ces deux escaliers sont de marbre blanc massif, et ne comptent pas moins de dix-sept marches.

De chaque côté de la porte de la descente souterraine pratiquée sous l'autel, et dont les battants sont en bronze historié, se dressent deux cariatides en bronze florentin, symbolisant les dépositaires des grandeurs humaines. Supportée par ces cariatides, se déploie une large plaque de marbre noir où sont gravés ces mots :

> « Je désire que mes cendres reposent sur
> » les bords de la Seine, au milieu de ce
> » Peuple Français que j'ai tant aimé. »

A droite et à gauche, entre l'entrée de la crypte et la grille en bronze qui sépare les deux églises, s'élèvent deux tombes en marbre noir dont les noms incrustés à la face de ces monuments funéraires, disent toute une épopée : — Bertrand et Duroc !..... Cette heureuse époque où le 26ᵉ, le 84ᵉ et 108ᵉ, défilant devant l'Empereur, rien qu'avec un bâton surmonté d'un aigle, le grand capitaine se découvrait devant ces lambeaux de soie criblés de balles, et noircis par la poudre

L'heureux temps encore, où distribuant des couronnes autour de lui, Napoléon faisait asseoir ses frères sur les trônes de Naples, de Hollande et de Westphalie, tandis que la Russie ne songeait qu'à réparer les désastres d'Austerlitz. Enfin, Waterloo ! le jour des trahisons . . . .

Or, pour continuer notre pérégrination à travers le monument impérial, il nous faut maintenant franchir le magnifique escalier de vingt-six marches en marbre blanc massif, et conduisant au fond de la crypte, où se trouve le sarcophage de porphyre rouge de Kostchoka, en Finlande, et dans lequel seront déposés les restes du héros.

Ce sarcophage, d'une simplicité superbe qui rappelle les beaux jours de l'art antique, repose sur un sol parqueté d'une délicieuse mosaïque, exécutée par MM. Scagnoli, Culi et Cressant, et représente un immense laurier circulaire et radié, autour duquel se lisent les noms magiques de nos incomparables batailles :

— Rivoli, Pyramides, Marengo, Austerlitz, Iéna, Friedland, Wagram et Moskowa.

La crypte est formée d'un portique de marbre blanc de Carrare, soutenu par douze blocs massifs de même marbre, hauts de quatre mètres, et dans lesquels le génie de Pradier a taillé, avec cette énergie et cette poésie antique qui caractérisent son rare talent, douze statues allégoriques, symbolisant les plus éclatantes victoires de l'Empereur Napoléon.

Toutes ces cariatides, qui, comme la statue de Pygmalion, semblent s'animer au contact du génie de l'Empereur, sont éclai-

rées par une douce lumière d'une teinte bleuâtre, pâle météore,
poétique clair obscur, qui, comme l'ombre de Charles Ier, semble
dire aux visiteurs : *Remember* ! Souviens-toi de celui qui a gou-
verné le monde !

Remember ! Souviens-toi de celui que la trahison a conduit à
Sainte-Hélène !

Remember ! Souviens-toi, qu'ici, reposent les restes du plus
grand des Césars ! — Souviens-toi ! Et prie pour sa dynastie.

Sur le massif du corridor de ce portique, se déroulent en bas-
reliefs et exécutées par M. Simart, toutes les gloires civilisatrices de Napoléon-le-Grand :

— Son Code, l'Industrie, l'Université et le Conseil-d'État.

Enfin, au milieu de la galerie circulaire, et à l'opposé de l'entrée de la crypte, est le reliquaire, ou chambre de l'épée.

Là, se trouve un autel de forme antique, qui plus tard doit
renfermer les objets précieux déposés dans la chapelle de Saint
Jérôme, et dont nous allons bientôt parler.

En face de l'autel s'élève la statue impériale de Napoléon Ier,
tenant en main le sceptre de Charlemagne.

En quittant la crypte, à droite, en allant vers l'entrée de la
place Vauban, le visiteur aperçoit la chapelle de Saint Jérôme,
où reposent provisoirement les cendres de Napoléon, entourées
de nobles et saintes reliques : — le petit chapeau que suivirent
nos phalanges invincibles, à travers la fumée des canons d'Iéna ;
l'épée qui tant de fois servit de sceptre à la victoire ; le grand
collier et le grand cordon de la Légion-d'Honneur ; enfin,
soixante-cinq drapeaux, glorieux débris de notre grandeur
guerrière ; et tout cela, au pied du cercueil où dort le géant
des batailles, le demi-dieu de la civilisation ! . . . . . .

Et maintenant, lecteur, que vous avez visité avec nous le
tombeau du grand homme, peut-être n'apprendrez-vous point
avec moins d'intérêt, le récit des longues douleurs et des tourments affreux qui assaillirent le héros de Sainte-Hélène.

Et puisque nous nous sommes engagé à vous faire le portrait
des serviteurs dévoués qui le suivirent au lieu de son exil,
permettez-nous, pour accomplir notre tâche, de mettre un moment en scène Santini, notre héros, Santini, le serviteur dévoué, le digne gardien du tombeau de Napoléon.

SOUVENIRS DE SANTINI.

I

Santini. — Son engagement. — Camp d'Ambleteuse. — De 1804 à 1814. — Courrier du cabinet. — Fontainebleau. — Le comte d'Ornano. — Le Grand Maréchal. — L'île d'Elbe. — Les Elbois. — Ce que pensaient les Elbois de l'Empereur Napoléon.

SANTINI (Jean-Noël), fils de parents honnêtes mais sans fortune, est né en Corse, en 1790, dans une pauvre petite bourgade de l'arrondissement de Bastia, nommée Lama. Courageux montagnard, bercé aux chants de triomphes des armées de la grande nation dont les refrains électrisaient tous les cœurs ; fier d'être le compatriote du jeune vainqueur de l'Italie, ne rêvant que batailles, et voyant partout Bonaparte, il n'attendit pas l'âge de la conscription pour aller combattre sous l'épée du vainqueur de Marengo.

En 1804, âgé de quatorze ans seulement, il vint s'offrir au recrutement de Bastia, et fut engagé en qualité de tambour au bataillon des tirailleurs corses, commandé par Catanio, alors en garnison à Antibes.

Du bataillon des tirailleurs corses, passé sous les ordres du comte Ornano, Santini vit son rêve d'or se réaliser, et rangé à Ambleteuse, sous l'étendard du premier Consul, il put contempler les baïonnettes françaises et les canons, tournés, béants, sur la Grande-Bretagne.

Le cadre rétréci de notre ouvrage ne nous permettant

pas de suivre Santini dans toute sa vie des camps, dans toutes ses tribulations de bivouac, nous quitterons l'enfant corse, pour reprendre l'homme fait sur les steppes glacés de la Russie.

Mais avant de remplir cette lacune, disons bien vite que sa bravoure ne se démentit pas pendant les huit années qui s'écoulèrent, de 1804 à 1812.

Plein de cette ardeur qui anoblit le montagnard corse, il assista avec ivresse à toutes les batailles du Nord, depuis Donawerth jusqu'à Krasnoë, en traversant ces monts géants qu'on nomme Ulm et Austerlitz. Sur les bords du Lech, du Danube, des lacs Sokolnitz et sur les rives du Niémen, il se distingua et se comporta en brave soldat.

Lors de la fatale campagne de Russie, Santini passa des rangs de l'armée au quartier impérial, où il remplit les fonctions d'Estafette. Mis en cette qualité sous les ordres de Delindre, il vit les flammes de Moscou, les désastres de Leipsig, et arriva avec son Empereur aimé à Fontainebleau, où il assista à la chute du plus noble empire qui ait jamais existé.

Ici, se colore la vie de Santini, qui commence à prendre place dans les fastes historiques.

C'était le 12 avril 1814, jour à jamais mémorable, et où l'Empereur, troquant le diadème et le sceptre de l'Empire français contre la royauté de l'exil, s'était vu trahi par deux hommes que, des rangs infimes de la hiérarchie militaire, il avait élevés, lui, le grand Napoléon, aux premiers rangs. Ce jour-là, assis sur les marches du palais de Fontainebleau, un homme, portant l'uniforme vert et or des courriers de la cour impériale, le cœur affaissé sous la douleur et la désolation de tout ce qui l'entourait, interrogeant le ciel, et lançant, par moment, des regards d'amour sur le balcon de l'appartement de l'Empereur, attendait !... A sa douleur profonde, à ses regards inquiets, pleins de dévouement et de protestations, vous eussiez dit un de ces courtisans du malheur, toujours si rares, hélas! pour les grandeurs déchues ; mais si dévoués et si pleins d'abnégation pour l'objet de leur culte. Cet homme était le pauvre montagnard.

Il voulait, lui, le compatriote de Napoléon, avec l'honneur de servir son maître, sa part d'exil et de souffrance.

Tout-à-coup, vers l'angle de cette cour saintement historique, et où nos arrière-neveux, dans les siècles à venir, iront pieusement s'incliner, une porte s'ouvre, et, revêtu d'un uniforme d'officier général, un homme en sort : c'était le comte d'Ornano.

Santini se lève, et allant droit au comte :

— Eh bien! Général, lui dit-il, mes vœux les plus chers seront-ils bientôt comblés ? Aurai-je le bonheur d'accompagner, dans l'exil, mon malheureux maître ?

— Je l'espère, mon ami, lui répond le comte : — Venez, suivez-moi, et je pense que ma recommandation vous vaudra ce que vous désirez si ardemment.

— Dieu vous entende! Monsieur le Comte, s'écria Santini, et qu'il vous rende tout le bien que vous me faites.

Et tous deux s'acheminèrent vers l'appartement du comte Bertrand, grand maréchal du palais.

— Vous désirez suivre l'Empereur à l'île d'Elbe ? dit le comte Bertrand en s'adressant à Santini.

— Je vous en supplie en grâce, Monsieur le Maréchal.

— Cela est difficile, je vous en avertis ; la maison de l'Empereur est complète, et moi, je ne sais comment vous caser.

— Je ferai ce que l'on voudra, Monsieur le Maréchal. Je suis jeune, alerte, vigoureux ; pourvu que je suive mon maître, je me soumets à tout.

— Mais nous n'avons plus de place dans les voitures ; elles sont pleines ; si vous pouviez venir à vos frais ?

— Oh ! oui ! oui ! je vous le promets.

— Alors, je vous promets, moi, de vous faire obtenir la

traversée jusqu'à l'île d'Elbe. Arrivé là, nous verrons à vous loger quelque part.

— N'importe où, Monsieur le Maréchal ; d'avance j'accepte tout, tout !

— Mais vous êtes donc bien heureux de suivre l'Empereur ?

— Oh oui ! bien heureux ! je le déclare; c'est le plus beau jour de ma vie.

Oh ! merci, merci, bien obligé, Monsieur le Maréchal ! ! !...

Dix-sept jours plus tard, l'Empereur Napoléon, avec sa suite, parmi laquelle se trouvait Santini, après avoir échappé aux couteaux des assassins du Midi, s'embarquait à bord de la frégate anglaise l'*Indomptée,* et faisait voile vers son premier exil, premier essai du martyre de Sainte-Hélène.

. . . .

C'était le troisième jour. Santini, sur le pont de la frégate, racontait à des marins qui l'entouraient, quelques-unes de ses impressions de bataille, lorsque l'Empereur, qui se promenait sur la dunette, apercevant au milieu de l'équipage anglais, un homme en uniforme de courrier de son cabinet, lui fit signe de venir à lui.

Jugez si le cœur de Santini palpitait de joie et d'émotion ; mais fort de son amour pour son Empereur, il s'empresse d'obéir.

— Qui es-tu ? lui demande Napoléon.

— Courrier du cabinet de Votre Majesté.

— A ton accent... ?

— Sire, je suis Corse.

— D'Ajaccio ?

— Non, Majesté, de Lama.

Et alors, l'Empereur se servant du patois d'Ajaccio :

— As-tu servi ? lui dit-il.

— Oui, Majesté, dix ans.

— Dans quel régiment ?

— Premièrement dans le bataillon de tirailleurs corses.

— Ah ! ah ! sous les ordres du comte d'Ornano ?

— Oui, Majesté, sous les ordres du comte d'Ornano, qui a eu la bonté de parler pour moi au grand maréchal du palais.

— Je comprends, et en sortant des tirailleurs corses, tu es entré ?...

— Au 11e léger.

— Ah oui ! organisé avec les débris des tirailleurs du Pô et ceux du bataillon du pays... fier régiment, que ce 11e léger !... Tu as donc fait toutes les campagnes du Nord ?

— Toutes, Sire.

— Et depuis quelle époque es-tu courrier de mon cabinet ?

— Depuis 1812, Sire, depuis le commencement de la campagne de Russie.

— Pourquoi te trouves-tu sur cette frégate ; où vas-tu ?

— Je vais avec Votre Majesté, mourir en la servant.

— Bien ! mon brave montagnard ! Et le grand maréchal t'a-t-il donné un emploi, près de moi ?

— Aucun, Majesté.

— Mais que feras-tu alors ?

— Le grand maréchal m'a promis qu'en arrivant à Porto Ferrajo, il verrait à me *caser* quelque part.

— Oui ! le grand maréchal a raison, on avisera à cela.

Et avec cet air de bienveillance qui lui était propre, avec cette grâce qui donnait tant de charmes à ses gestes, tant de prix à ses paroles, l'Empereur, en souriant, congédia Santini qui, *gonflé* d'émotion, comme il le dit lui-même, et les yeux pleins de larmes, se retira à l'avant du navire, emportant du bonheur pour toute sa vie.

Plus tard, on verra comment ce bonheur sut exciter la jalousie de ses compagnons d'exil, et les luttes que Santini eut à essuyer.

Cependant la frégate l'*Indomptée*, qui portait César et la fortune de la France, arrivait au terme de sa traversée

Déjà elle avait mouillé dans la rade de Porto-Ferrajo, en face du lazaret ; déjà l'autorité sanitaire avait opéré sa visite d'usage, lorsqu'en ce moment, l'Empereur, qui se trouvait sur le pont, fit appeler Santini, et dit en lui montrant du doigt une chaloupe partie du port, pleine de marins, et se dirigeant vers la frégate :

— Vois-tu cette embarcation qui vient à nous ?

— Oui, Majesté.

— Quand elle nous aura abordés, descends-y, interroge adroitement et avec prudence ceux qui la montent, et demande leur s'ils sont heureux de l'arrivée de l'Empereur Napoléon ; s'ils sont contents de l'avoir pour Roi.

Et en disant ces mots, l'Empereur avait sur les lèvres un si navrant sourire, que le pauvre Santini en fut vivement impressionné.

— Oh ! se disait-il, que les couronnes sont lourdes à porter ! A lui, l'Empereur de Tilsitt, à lui, le vainqueur des rois, une île et quelques brassées de terre !... Et une larme vint mouiller le visage du vieux soldat, en songeant à l'instabilité des choses humaines.

Cependant l'Empereur continuait à donner ses ordres à Santini, avec ce calme et cette dignité qui le rendaient si imposant :

— Va, lui dit-il, et sache bien tout me raconter à ton retour ; mais sans commentaires, sans embellissements, *tel quel*, entends-tu ! Fais-y bien attention ; je ne veux que la vérité, rien que la vérité.

— Oui, Majesté, répliqua Santini, vous serez obéie, avec la brutale franchise du corps-de-garde.

Et Santini, suivant l'ordre de son souverain, est bientôt au milieu des joyeux Elbois.

Il les interroge, et s'exprimant dans leur langue, il entre avec eux dans une complète intimité.

— Notre misérable patrie est trop pauvre pour le Roi des Rois, s'écrie le Nestor de Porto-Ferrajo, et tous les gens de la côte d'agiter leurs mains vers le haut de la frégate , en glorifiant Napoléon.

Ivre de joie, Santini revient à bord rendre compte de sa mission.

— Est-ce là toute la vérité, lui demande Napoléon, et ton attachement pour moi ne te fait-il rien exagérer?

— Que je meure, Sire, si je ne dis pas toute la vérité à Votre Majesté.

— C'est bien, répond l'Empereur ; puis, laissant s'écouler quelques secondes :

— Ainsi, tu veux donc rester avec moi?

— Jusqu'à la mort, mon Empereur.

— Eh bien ! demain, viens me parler, n'y manque pas?

— Oh ! non, Majesté !...

Et, pendant ce court dialogue, l'Empereur n'avait cessé d'explorer avec sa longue-vue les abords de Porto-Ferrajo. Cette exploration l'occupait vivement. C'est qu'il méditait déjà les grands changements qu'il devait opérer dans cette île, rendue à jamais célèbre par sa glorieuse infortune.

II

Peines de Santini. — Intrigues de l'entourage. — Il parvient jusqu'à l'Empereur. — Départ pour la France. — Les Cent-Jours. — Le *Northumberland*. — Santini coiffeur.

Depuis deux jours à peine, Napoléon le Grand, le maître du monde ! habite son nouveau palais , et déjà l'intrigue aux mille formes, la jalousie, ce fiel qui corrompt tout le miel de notre vie, étreignant Napoléon de toutes parts, empêchent ses amis les plus fidèles d'arriver jusqu'à lui.

C'est alors que Santini aux abois et dans la position la plus pressante, commence à apprendre ce que sont les intrigues de cour.

Voici comment il raconte lui-même toutes ses tribulations, tous les dégoûts qu'il eut à essuyer avant de parvenir jusqu'à l'Empereur :

« Le surlendemain de l'arrivée de Napoléon à Porto-Ferrajo, je me hasardai, dit-il, de me présenter au château. Pour la première fois, je me vois aussitôt fermer la porte. Malgré sa promesse, le général Bertrand lève les épaules, et refuse de m'introduire auprès de l'Empereur.

» — Que voulez-vous qu'on fasse de vous, répond-il ? Attendez ! ayez un peu de patience.

» Attendez ! ayez patience !...

» Quelques jours se passent, et, fatigué d'attendre, je viens revoir le maréchal. Toujours même refrain : —Attendez, un peu de patience ! » Alors je m'adresse au général Drouot ; même compliment :

» — Patience ! et attendez !

» — Mais, mon Général, il y a deux mois que j'attends !..

» Cependant, toujours mis de côté, je voyais ma dernière pièce de cinq francs sonner creux dans mon gousset ; alors je me décidai à voir encore une fois le grand maréchal, et, lui rappelant la recommandation que le comte d'Ornano lui avait faite pour moi, je le priai instamment de songer à ma position. Il leva encore les épaules en s'écriant :

» — Je vous l'ai déjà dit, que voulez-vous qu'on fasse de vous ici ? Vous ne voudriez pas laver la vaisselle ; et vous ne pouvez faire un valet de pied ; vous n'avez aucune habitude du service.

» Désespéré, je me résolus, puisque les grands m'éconduisaient, de m'adresser aux petits ; ce fut bien pis encore. En bas comme en haut, tout était intrigue et commérage !

» Le sieur Déjan, fourrier du palais, me fit même menacer de me faire chasser de l'île, si je persévérais à me montrer importun.

» Enfin, après trois grands mois d'attente, succombant au chagrin, j'allais partir, quand l'idée me vint d'aller attendre l'Empereur à l'une des promenades qu'il faisait chaque jour, et de m'adresser à lui. »

Ce moyen réussit complètement à Santini.

En dépit du mauvais vouloir de son entourage, l'Empereur nomma son brave Montagnard gardien de son portefeuille, et l'admit en cette qualité auprès de sa personne.

Ainsi se noua le premier lien qui attachait Santini à la fortune de son maître, fortune qui, plus tard, devait le conduire à Sainte-Hélène. Cependant, l'heure de la délivrance avait sonné pour les exilés de l'île d'Elbe. Et l'Empereur ayant entendu l'appel de sa patrie aimée, préludait au magique épisode des Cent-Jours.

A quatre heures du soir, le 25 février 1815, l'Empereur fait donc appeler Santini, ce jour-là, de service au cabinet ; et lui remettant un billet cacheté, lui commande de partir sur-le-champ pour Rio.

— Pars sans perdre une minute, lui dit-il ; tu trouveras sur la place du Château un cheval tout sellé, et tu remettras ce billet à M. Pons, directeur des mines de fer. Il faut qu'il lui parvienne avant que la flottille, qui a quitté ce matin la rade de Porto-Ferrajo, n'ait atteint celle de Rio !.. Va, j'attends !

Santini partit à franc-étrier, remit à M. Pons (de l'Hérault) le billet de l'Empereur, reçut en échange un autre billet, et revint au fort de l'Etoile rendre compte de sa mission à l'Empereur, qui lui témoigna toute sa satisfaction.

Le soir même, la flottille ayant changé de route, sur un signal du phare de Rio, rentrait dans la rade de la capitale de l'île.

Le lendemain, 26 février, jour à jamais mémorable dans l'histoire, à cinq heures et demie du soir, la flottille se remettait en marche aux cris de : *Vive la France !*

La traversée de l'île d'Elbe au golfe Juan fut heureuse ; l'Empereur recouvrait toute sa puissance. Le 1er mars 1815 il effectuait son entrée triomphale.

Cependant Santini, toujours gardien de son portefeuille, traversait, près de l'Empereur, cet éclair des Cent-Jours qui devait s'éteindre à Waterloo.

Résigné, l'Empereur s'achemina vers son Calvaire, et s'offrit en holocauste au repos de la France.

En partant, la noble victime léguait pour adieu au Peuple Français, dont il avait été si longtemps l'oracle, ces mots sublimes, ces paroles si pleines de patriotisme : « Unissez-vous tous pour le salut public, et pour rester une nation indépendante... »

Le 29 juin 1815, à la Malmaison, deux femmes pleuraient en accompagnant un homme à l'air triste et découragé qui semblait se diriger vers une berline-poste conduisant de la résidence impériale à Rochefort. Là, ces trois personnes, les femmes avec les larmes aux yeux et des sanglots à la bouche, l'homme avec le cœur serré et le regard plein de douleur, se séparèrent pour ne plus se revoir.

C'était l'Empereur, la reine Hortense et la comtesse Regnault de Saint-Jean-d'Angely.

Ce furent là les derniers adieux que Napoléon reçut avant de quitter sa patrie.

L'histoire dit assez la noble confiance de l'Empereur en la foi punique, et aussi l'hospitalité du *Bellérophon !*

Nous reprendrons donc notre tâche de chroniqueur, pour ne nous occuper que de Santini, que nous nous empresserons de remettre en scène.

Thémistocle était assis sur le foyer du peuple britannique; mais il y était assis enchaîné.

Depuis environ quinze jours, *le Northumberland* filait rapidement sur l'Atlantique. On avait dépassé Ténériffe, et la chaleur se faisait vivement sentir. Le maître d'hôtel de Napoléon, ayant prié Santini, son compatriote, de lui couper les cheveux; cette opération se faisait à l'avant du vaisseau, entre le grand mât et le mât de misaine.

L'Empereur, suivi du général Gourgaud et du comte Las-

Cases, se promenait alors sur le pont ; il s'approche du coiffeur improvisé, fait un geste d'étonnement, et dit en riant à Las-Cases :

— Comment, mais je ne me trompe pas, mon gardien du portefeuille qui s'est transformé en perruquier !

Puis, s'adressant à Santini, en se servant du patois d'Ajaccio :

— *Quando aurai finito li taglerai anche a mè, e se non mi taglerai benè, guai à te, mi capisce?*

« Quand tu auras achevé, tu me les couperas à moi aussi, » et si tu ne me les coupes pas comme il faut, gare à toi ! » tu m'entends? »

A peine Santini eut-il fini sa tâche près de Cypriani, qu'il se rendit dans la chambre que l'Empereur occupait à bord. Ce ne fut pas sans une émotion terrible, que le brave montagnard corse porta sa main sur une tête impériale auréolée de ces belles couronnes devant lesquelles naguère s'inclinait le monde ; sur ce crâne olympien dont les inspirations civilisatrices avaient changé la face de l'Europe.

Il commença donc sa tâche en tremblant, et à peine les ciseaux eurent-ils grincé dans les cheveux de l'Empereur, que celui-ci dit en riant au général Gourgaud :

— Regardez, Général : si ce montagnard n'accomplit pas bien sa besogne, je le fais jeter à la mer. Puis, s'adressant à son valet de chambre, qui recueillait religieusement dans une serviette les cheveux qui s'éparpillaient en tombant :
— Veille sur ce coiffeur de nouvelle création, lui dit-il, et sache me dire s'il va bien.

Ces paroles, quoique dites avec bonté et sur le ton de la plaisanterie, jointes aux pensées qui agitaient déjà Santini, firent sur lui une telle impression, qu'il en perdit la tête, et pinça légèrement avec le bas des ciseaux l'oreille gauche de l'Empereur.

— *Ah ! brigante*, s'écrie Napoléon en patois corse, *ah ! brigante, mi voi tagliare una orecchia!*

Et se tournant en riant vers Gourgaud : — Ce brigand veut me couper une oreille ; qu'on le jette à la mer.

Sire ! Sire ! s'écrie Santini feignant d'être alarmé, quoiqu'au fond complètement rassuré par l'air de bonté de l'Empereur ; je n'étais pas ici !...

— Voyez ce brigand qui n'était pas ici quand il me coupait les cheveux ! Et où donc étais-tu !

— Sire, ma pensée avait rétrogradé de onze ans ; j'étais au camp d'Ambleteuse ; je voyais Votre Majesté entourée de son armée, si grande et si belle, menaçant de ses canons les Anglais, et faisant trembler ceux-là même qui la retiennent aujourd'hui prisonnière.

Alors l'Angleterre était loin de prévoir ce qui se passe aujourd'hui, Sire !

A ces mots de Santini, un éclair partit de l'œil d'aigle de l'Empereur ; un soupir sortit de sa poitrine, sa figure s'imprégna de cette mélancolie sublime qu'elle dut avoir le lendemain de la bataille d'Eylau, de cette douleur que le pinceau admirable de Gros a immortalisée.

— Tu pensais cela, mon Montagnard ? dit le noble captif, après un moment de silence, et en fixant ses yeux sur Santini.

— Oui, Sire, et je pensais aussi à la trahison de ceux que vous avez comblés d'honneurs et de richesses, et qui ont conduit ici Votre Majesté.

— Bien ! achève de me couper les cheveux, répliqua lentement l'Empereur.

L'opération continua au milieu d'un sombre et religieux silence.

Plus une parole ne fut échangée ; tous les regards étaient fixés vers le sol, et on aurait pu croire que les cinq personnages de ce drame avaient été frappés de la foudre, tant la scène était muette et imposante.

Et quand la dernière mèche de cheveux fut tombée, l'Empereur, remerciant Santini d'un geste plein de tristesse, fit un signe; et tous sortirent, laissant le grand homme avec ses pensées.

C'est que le front levé vers le ciel, Napoléon, au moment même de cet abattement, cherchait un monde inconnu, et semblait demander à Dieu la cause de tant d'infortunes, la clé de tant d'épreuves, à lui, qui avait fait trembler le monde; à lui, qui avait vu à ses pieds tous les chefs de l'Orient et de l'Occident.

Sans doute aussi, cette tristesse du souverain dut éveiller dans le cœur de Santini, bien d'autres souvenirs; car entre ces deux points extrêmes de la vie impériale de ce grand homme: — le camp de Boulogne et la cabine du *Northumberland*, — il y avait là tout un monde de choses gigantesques : le monde des choses que l'on admire, et celui des choses qui font pleurer.

III

Arrivée à Sainte-Hélène. — Portrait d'Hudson-Lowe. — Santini forme le projet d'affranchir l'Empereur des tortures de Sainte-Hélène; restrictions. — Protestation de l'Empereur.

Le 15 octobre 1815, après soixante-dix jours de traversée, le *Northumberland* jetait l'ancre dans la baie de James-Town, et le lendemain à quatre heures du soir, l'Empereur Napoléon débarquait à Sainte-Hélène pour se rendre à Longwood. Mais comme les ouvriers encombraient encore l'habitation qui lui était destinée, il se fixa provisoirement à Briars, dans un petit pavillon construit sur une roche volcanique. Installé dans un petit appartement d'une seule pièce, qui lui servait en même temps de chambre à coucher, de salle à manger et de cabinet d'étude; c'est là, qu'il apprit à se priver des choses les plus nécessaires aux habitudes de la vie civilisée.

Bientôt ses souffrances, par la parcimonie de l'Angleterre, furent telles, que tous les moyens hygiéniques lui furent rendus presque impossibles.

L'Empereur manquait même des choses les plus indispensables à la propreté, et aux simples usages de la table, et souvent il se vit forcé de prendre ses repas sans nappe ni serviette. De plus, les vivres se trouvaient souvent avariés, les vins aigris, l'eau était saumâtre, et si Santini, voyant que *son maître n'avait pas de quoi dîner,* ne fût allé voler des petits cochons de lait et des moutons sauvages, l'Empereur eût manqué parfois de nourriture.

Souvent aussi, en hardi montagnard, et en habile tireur qu'il était, Santini allait tirer à coups de fusil, sur les rochers escarpés qui entourent Longwood, des tourterelles, qu'il faisait servir sur la table de son maître.

Ah ! qu'il était joyeux le brave Corse, quand Napoléon, qui n'ignorait rien du dévouement et des attentions de son fidèle Montagnard, l'en remerciait, tout en mangeant la tourterelle, avec un signe gracieux ou un bienveillant sourire. Mais à la chasse comme en maraude, il y a dans la vie des jours fastes et néfastes, aussi Santini, souvent après une marche laborieuse à travers les précipices, s'en revenait-il triste et morose, de n'avoir point abattu de gibier. Alors la disette se faisait sentir sur la table de l'Empereur, tous les visages étaient sombres. Quant à Napoléon, lui, qui était habitué aux mets les plus succulents, il semblait ne pas s'en apercevoir.

Mais cette grande misère, cette position insupportable, ne devaient être au comble qu'à l'arrivée du nouveau gouverneur.

Ce fut le 16 avril que sir Hudson arriva à Sainte-Hélène.

Sa première visite à Longwood fut une insulte à l'Empereur. Il alla même jusqu'à défendre aux serviteurs de Napoléon, de se servir de la qualité d'Empereur en parlant de leur glorieux chef. Comme si l'on pouvait faire disparaître des pages de l'histoire, ce que le vainqueur d'Austerlitz et de Friedland y avait tracé de son glaive impérial.

Mais, sir Hudson-Lowe ne s'en tint pas là dans ses persécutions. La nation anglaise avait conféré à cet homme-tigre une autorité absolue : sir Hudson en fit usage avec toute la latitude d'un bourreau.

Il s'en servit pour fouiller à son aise et sans entraves, jusqu'au fond de la poitrine de sa victime, et dans ses serres de vautour, s'étudia à lui tordre le cœur jusque dans la dernière pulsation.

Alors l'Empereur résolut d'en référer au roi d'Angleterre, pour protester contre l'outrage qui lui était fait.

Sir Hudson se refusa de faire parvenir la missive ; alléguant qu'il fallait, pour se conformer aux formalités, qu'on la lui présentât décachetée !...

Lui, sir Hudson, prendre connaissance d'une lettre écrite au roi d'Angleterre par l'Empereur Napoléon !... Quelle dérision !...

Mais sir Hudson ne devait pas s'arrêter à un tel outrage, et cet affront n'était que le prélude de ce qu'il réservait à son prisonnier. Le fait suivant donnera à nos lecteurs la juste mesure de l'atrocité de l'âme du geôlier de Sainte-Hélène.

Une nuit qu'il avait fait déposer, dans une maison du camp d'Hut's-Gate, des barriques de rhum et d'eau-de-vie pour l'usage des troupes de l'île, des soldats du 53ᵉ de ligne eurent la fatale idée d'enfoncer la porte du magasin et de s'enivrer avec ces liqueurs.

Le lendemain, Hudson-Lowe instruit du vol, assemble un conseil de guerre, et, pour exemple, exige la condamnation à mort de l'un des délinquants.

Une condamnation à mort pour quelques verres d'eau-de-vie !...

Mais là n'est pas encore tout l'horrible de son caractère. Le voici :

Le général Bertrand logeait avec sa famille à Hut's-Gate.

Madame Bertrand, enceinte de six mois, vient prier sir Hudson de faire grâce au coupable. Sa réponse ne se fait pas longtemps attendre. Il fait dresser la potence en face de l'habitation du grand maréchal, et déjà on allait procéder à l'exécution, lorsqu'un ordre de surseoir arriva. Par qui fut donné cet ordre, voilà ce que nous ignorons; mais ce que nous pouvons affirmer, c'est qu'à coup sûr il n'émanait point de la volonté et de la charité du gouverneur.

Voici le portrait que Santini nous a tracé du geôlier anglais; portrait peint d'après nature et dont il garantit la ressemblance :

Sir Hudson était, à cette époque, dit le Montagnard, un homme de quarante-cinq à cinquante ans. Haut d'environ cinq pieds trois à quatre pouces, sec comme un parchemin, et décharné comme une momie. Ajoutez à cela la face de la fouine et du chat sauvage, un front tatoué de rousseurs, des sourcils épais recouvrant des yeux louches; et vous aurez la ressemblance frappante de cette incomparable physionomie.

Mais revenons à Santini.

Nous avons dit que l'un des principaux moyens de ce fidèle serviteur pour procurer des vivres frais à son maître, était la chasse aux tourterelles. Citons donc, à cette occasion, ce qui lui arriva à cette chasse, lors de sa liaison avec un des officiers en garnison à James-Town, lequel, à l'exemple de Santini, allait tous les matins chercher fortune au Mont-aux-Chèvres. Déjà le Montagnard, sans s'en apercevoir, s'était laissé prendre aux protestations amicales de l'officier anglais. Mais sur quelques demandes trop indiscrètes que lui adressa son nouvel ami, il commença à suspecter la sincérité de son compagnon de chasse, et se tint sur ses gardes.

— Vous vous plaignez tous de sir Hudson, lui dit un jour, après le repas du matin, le chasseur anglais. Vous avez tort, et êtes injustes à son égard. Cet homme est honnête et humain. Il vous estime beaucoup, mon cher Santini, vous surtout, au-dessus de tous les autres; d'abord, parce que vous êtes un brave et digne garçon plein de franchise: puis, ensuite, parce que vous êtes Corse; qu'il aime beaucoup ceux de votre nation, qu'il les connaît, ayant commandé en Sicile un régiment de vos compatriotes. Il n'a rien tant à cœur que de vous être agréable, à vous, personnellement!

— A moi, personnellement, répartit Santini tout étonné et en se levant; et dans quel but, je vous prie?

— Parce que vous n'êtes pas Français.

— Comment, je ne suis pas Français? Et depuis quand la Corse n'est-elle pas française? Parlez-moi franchement, Capitaine, et sans arrière-pensée, si vous avez à m'entretenir de la part de sir Hudson. Laissez les cajoleries de côté.

— Eh bien! oui, répond l'officier qui semblait hésiter, et il ne dépend que de vous de faire fortune!

— Comment cela?

— Voulez-vous me permettre de m'expliquer?

— Parlez, parlez sans crainte, Capitaine; il n'y a ici ni Corse, ni Anglais; mais deux hommes de cœur en face l'un de l'autre. Parlez donc, j'écoute!

— Eh bien! Son Excellence, le gouverneur de Sainte-Hélène, à qui vous plaisez, vous surtout, parce que vous êtes Corse (Passez, passez, s'écria Santini).... a jeté les yeux sur vous, et, en cette qualité, veut vous faire d'or massif (1).

— Et pour cela, Monsieur, il exige sans doute de moi quelque chose de bien horrible!

— Vous pouvez l'aider à assurer le repos du monde.

— Comment cela?

— Voici. Le gouverneur désirerait avoir quelqu'un qui l'instruisît jour par jour de ce qui se fait dans l'intérieur de Longwood. Il voudrait qu'on lui donnât des notes sur la

---

(1) *Sic*, expression technique de l'officier anglais.

vie intime de Bonaparte et sur celle des personnes qui l'entourent.

— Une insulte, Capitaine !

— Non, mon ami, répliqua le capitaine, je n'ai pas cru vous insulter en remplissant la mission dont m'a chargé près de vous le gouverneur. Si cette proposition ne vous agrée point, prenez que je n'ai rien dit. Mais que ceci reste entre nous, je vous prie.

— Vous avez raison, Capitaine; pour votre honneur, ceci doit rester entre nous. Mais soyez mon interprète auprès de votre gouverneur, et dites-lui bien ce que je vous ai dit ici, — que la Corse n'est plus une île anglaise ou génoise ; que c'est un département de la France, que je suis Français, et que, pour acheter le pauvre Santini, toute l'Angleterre n'est pas assez riche, et n'a point assez d'or pour en faire un mouchard. Dites-lui aussi que j'ai abandonné ma patrie pour suivre l'empereur Napoléon et le servir avec dévouement et loyauté jusqu'à la mort. Vous entendez cela, Capitaine, et ajoutez que si je ne respectais le caractère sacré de mon maître, si je ne craignais sa désapprobation, j'irais brûler la cervelle à sir Hudson, pour le remercier de m'avoir cru capable d'une infamie, en osant mesurer mon âme à la sienne.

Et l'officier épouvanté reculait devant l'œil de feu de Santini. Le Montagnard continua :

— La mission dont vous vous êtes chargé près de moi, est indigne, Monsieur, d'un homme d'honneur et d'un brave militaire. Cependant, je me tairai, non par estime pour vous, que cette scène dégraderait aux yeux des gens de cœur, mais par estime pour moi... Dès ce moment, tous liens d'amitié sont à jamais rompus entre nous.

Et ils se séparèrent; le capitaine honteux du rôle infâme qu'il venait de jouer, et Santini, indigné, mais jurant de garder le silence.

Cependant une circonstance indépendante de sa volonté

le força bientôt à violer le serment qu'il s'était fait à lui-même.

Voici à quelle occasion.

Le général Gourgaud venait de prendre pour valet de chambre un Anglais nommé Dixon, ancien domestique du prédécesseur d'Hudson-Lowe, l'amiral Cockburn. Ce nouveau venu, en qualité de commensal de la maison de l'Empereur, mangeait donc à la table commune des serviteurs de Longwood. Tous ces braves serviteurs, dévoués, comme on sait, à la vie de leur maître, murmurèrent, et allèrent s'installer ailleurs, jurant qu'ils ne mangeraient point avec un Anglais.

Encore sous l'impression de ce qui s'était passé au Mont aux-Chèvres, Santini se laissa emporter par son caractère bouillant. Il y eut des cris, des injures ; tout cela fit grand bruit, et vint aux oreilles de l'Empereur, qui, mal informé, rejeta tout le blâme sur son Montagnard, et le fit mander par Cypriani.

En entrant dans la chambre de Napoléon, Santini, qui n'avait aucune idée de ce que pouvait lui vouloir son maître, comprit néanmoins qu'un orage grondait autour de lui, et qu'il allait éclater sur sa tête. En effet, l'Empereur, le regard courroucé et fixé vers la porte d'entrée, les bras croi_sés sur la poitrine, attendait, en frappant le parquet de son pied avec la plus vive impatience. A la vue de Santini, il s'écrie d'une voix vibrante de colère, en allant vers le pauvre serviteur :

— Brigante ! toi qui as l'air de m'être tant dévoué, c'est toi qui mets la perturbation ici ! Toi, un soldat ! toi, qui devrais donner l'exemple de l'ordre et de la subordination, tu pousses tes camarades à la révolte, brigante !... Si j'étais encore à l'île d'Elbe, je te ferais fusiller. Je ne te connais plus, va-t'en, tu n'es plus un Corse ; tu n'es qu'un barbare sauvage !

— Sire, Sire, s'écrie Santini, mort de peur, attéré sous

cette colère impériale, et désignant du doigt des armes posées sur une table :

—Sire, vos pistolets sont là, et comme vous êtes ici pour moi toujours l'Empereur des Français, ordonnez qu'on me brûle la cervelle ; je suis prêt à me mettre à genoux, et préfère cent fois la mort à votre colère.

—Brigante ! et la voix de l'Empereur s'était un peu adoucie ; brigante ! que t'a fait le valet de chambre de Gourgaud, pour que tu lui en veuilles tant ?

Et pourquoi ne veux-tu pas manger à la même table que lui?

— Sire ! j'aime mieux mourir que de m'asseoir à côté d'un espion des ennemis de Votre Majesté.

— Un espion ?

— Oui, Sire, tous ceux qui nous entourent ici, sont des espions du gouverneur.

— Es-tu bien sûr de ce que tu dis là ?

— Oui ! Sire, ajouta Santini en fondant en larmes, et en tombant aux pieds de l'Empereur : — J'en ai la preuve !

— La preuve !

— Et n'ont-ils pas eu l'impudence de me proposer d'être leur mouchard auprès de Votre Majesté !

—Comment, dit Napoléon en relevant Santini ! comment, explique-toi, voyons, que s'est-il passé? Quelle chose ont-ils osé te proposer?

Réponds, réponds vite... je veux tout savoir !

Et l'Empereur voyant que Santini hésitait, serra fortement le bras de son Montagnard, encore tout tremblant, et continua :

— Ne me cache rien, parle, je le veux !...

— Eh bien ! Majesté, Hudson-Lowe m'a cru assez misérable pour me faire proposer de vous trahir. Il m'a fait dire par un officier du 53e que si je voulais lui rapporter ce qui se passe ici journellement, il me ferait d'or massif. ......
Ce sont ses propres expressions, Sire !

— Les infàmes ! fit l'Empereur avec indignation : « Vouloir faire jusqu'à épier mes pensées, jusqu'à mes gestes ! Et par quels moyens encore..... Les lâches ! » Et la lèvre de Napoléon était sublime de dédain...

Cependant l'Empereur finit par se calmer, et avec sa manière bienveillante, adressa diverses questions à Santini, sur les manœuvres des agents de son geôlier.

— Et pourquoi ne m'as-tu pas averti, ajouta-t-il, après une courte pause.

— Sire, j'ai craint, en faisant part à Votre Majesté de la proposition honteuse de sir Hudson, de vous donner de la défiance sur mon compte.

— De la défiance ! s'écria Napoléon. Et comment cela ?

— Je ne sais, répartit Santini ; mais c'est la seule crainte, Sire, qui m'ait retenu, je vous le jure.

— Ah ! c'est mal, Montagnard, ce que tu me dis là ; une autre fois sois plus confiant, et quoi qu'il t'arrive, avertis-moi, je le veux. Va, et surtout donne l'exemple de la discipline à tes collègues.

Plus de dispute, plus de bruit... tu entends !

— Sire, Votre Majesté me pardonne-t-elle ?

— Oui, mais à la condition que tu seras sage à l'avenir, reprit Napoléon en souriant.

Cependant, le temps s'écoulait, et, loin d'apporter un seul adoucissement aux peines des exilés, leurs souffrances allaient toujours croissant. Bientôt elles arrivèrent à leur comble, et, sans le dévouement de Santini, qui continuait ses maraudes, l'Empereur eût souvent été privé de nourriture, tant les vivres étaient de mauvaise qualité.

Déjà la chaussure et les vêtements de Napoléon n'étaient plus mettables, sa toilette était dans un tel état de délabrement, que Santini, qui n'avait pas plus été tailleur qu'il n'était coiffeur, coupa une vieille redingote grise de son maître, et lui en fit un habit. Il lui fit également, avec de vieilles bottes, une paire de souliers à boucles, qu'il doubla en satin blanc. Ce satin lui avait été donné par mesdames Bertrand et Montholon.

On verra dans la suite le grand rôle qu'il joua dans la vie de Santini.

Enfin, la pénurie de l'Empereur n'étant plus tolérable, Napoléon se vit forcé de faire briser son argenterie par Santini en présence du général Montholon, et de la faire vendre à James-Town.

En donnant cet ordre à son fidèle serviteur, l'Empereur lui dit :

« Attention, Montagnard! je ne veux pas que mes aigles aillent au marché; tu m'en apporteras ici jusqu'au moindre fragment. Efface bien mes chiffres; brise tout, aussi menu que possible; que les nobles emblèmes de l'Empire français ne deviennent pas ici un objet de trafic pour nos ennemis ! »

Tant d'humiliations subies par l'Empereur, avaient exaspéré Santini. Sombre et rêveur, s'isolant de ses compagnons pour aller de roc en roc, il méditait quelque atroce vengeance. Nul doute qu'il ne se fût porté à quelques violences contre sir Hudson, s'il n'eût fini par comprendre qu'il valait mieux employer tous les moyens que lui prescrivait sa nature énergique et persévérante.

Alors il songea à la noble mission de soulever contre le sénat des rois, l'indignation de tous les peuples civilisés de la terre, espérant par là arracher à l'Angleterre son prisonnier.

Mais comment exécuter un si vaste projet? Comment entreprendre cette grande tâche? sans appui, sans ressources. Quel moyen employer pour réussir?

Déjà la maladie, avec son cortége de douleurs, commençait à assiéger Napoléon. L'action dévorante de ce ciel inconstant de Sainte-Hélène, menaçait de s'emparer de sa proie. Il fallait se hâter; il n'y avait pas un moment à perdre. Ce fut au milieu de ces perplexités, que sir Hudson, le 16 octobre 1816, fit communiquer à l'Empereur, sous le titre extensible de restrictions, l'espèce de code noir le plus révoltant que jamais sbire sicilien ait osé concevoir.

Depuis longtemps Napoléon blessé au cœur, et supportant tout avec la résignation d'un martyr, ne montrait plus d'intérêt que pour les choses qui regardaient ses serviteurs. Ce n'était donc que dans leurs tribulations qu'il se sentait blessé.

Aussi exigeait-il impérieusement, que tous retournassent en Europe.

Pour la première fois, il les trouva indociles à sa volonté, et tous protestèrent contre une exigence, qui, dans l'histoire, en accusant leur fidélité, les outrageait dans leur plus vive affection. Aussi s'empressèrent-ils de signer unanimement, cette déclaration qui les honore, et qui, aux yeux des nations civilisées, restera éternellement comme un souvenir éclatant de leur dévouement à la personne de l'Empereur. Voici cette déclaration : — « Nous, soussignés, » déclarons par la présente, que notre désir est de rester » dans l'île de Sainte-Hélène, et de partager les restrictions » imposées personnellement à l'Empereur Napoléon. »

Mais ce n'était pas là le compte de sir Hudson.

Le martyre n'était pas assez complet ; l'homme chacal ne s'était pas assez repu de supplices, et quelques vives douleurs manquaient encore à cette âme de bourreau. Il envoya donc une seconde déclaration par laquelle il substituait le nom de *Buonaparte* à celui de Napoléon, et le titre de *général* à celui d'Empereur. Ce fut alors que frappé au cœur de cette nouvelle lâcheté, l'Empereur faisant assembler ses compagnons d'exil, avec cette voix des grandes souffrances qui va droit au cœur, leur signifia de s'éloigner et de l'abandoner.

« Je ne saurais, leur dit-il, vous voir soumettre à ces » restrictions qu'on veut m'imposer. » Et le visage animé par l'indignation, les yeux brillants de colère, il fit signe qu'on le laissât seul.

Le lendemain, il persista dans sa résolution, et pria Bertrand et Las-Cases de ne point obtempérer à un acte, qui, en consacrant un mensonge, devait les mettre plus que jamais sous la dépendance de leur geôlier.

« Si pour échapper au départ, l'on concède une signature, ajouta l'Empereur, demain se présentera un autre cas d'expulsion. . . . . Il vaut mieux que cela se fasse de suite avec éclat, que plus tard sans bruit. » Cependant deux jours après, il céda aux instantes prières de ses dévoués.

Tous, excepté Santini et le colonel Piontowski, signèrent la déclaration exigée par Hudson-Lowe.

Eh quoi! se disaient ceux qui ne pouvaient comprendre la pensée de Santini, n'étant point dans le secret: l'un des plus constants serviteurs du grand exilé serait-il affligé de nostalgie? Le mal du pays, avec ses impérieuses et cruelles exigences, se serait-il emparé de lui? Peut-être l'exil était-il devenu un supplice insupportable pour cet homme de fer.

Et chacun de deviser à sa manière, sans se douter de l'attachement et du dévouement du brave Corse à son Empereur bien-aimé.

Voici donc à ce sujet ce qui s'était passé.

Pendant que l'Empereur balançait entre ses amis et son orgueil outragé, entre son isolement et le désir de ne pas se séparer d'eux ; Santini le fit prier de vouloir bien l'écouter seul, et de lui accorder quelques instants.

Admis en présence de son maître:

— Sire, lui dit-il. Votre Majesté, je pense, ne doute point de mon dévouement à sa personne.

— Où veux-tu en venir? répliqua l'Empereur avec un léger mouvement d'impatience.

— C'est que, continua Santini, j'avais besoin, Majesté, avant de m'expliquer, de recevoir de la bouche de l'Empereur, l'assurance que je suis bien un de ses serviteurs les plus fidèles.

— Bien! je le sais; mais achève, dit Napoléon.

— Eh bien! Sire, je ne signerai point la déclaration que veut nous imposer sir Hudson.

— Pourquoi cela, Monsieur le Montagnard? fit l'Empereur étonné, et un éclair de colère mit dans sa prunelle une étincelle de génie.

— Sire, il faut que je parte.

— Ainsi, tu veux m'abandonner, Montagnard?

Et l'Empereur ayant la voix brisée comme par une forte émotion, murmurait: — Et lui aussi, il veut m'abandonner, un Corse, un compatriote! Oh! les hommes! les hommes!

—Oui, Sire, s'écria Santini avec exaltation; je veux abandonner Votre Majesté, mais pour mieux la servir.

A quoi vous suis-je bon ici? A rien! Tandis qu'en Europe, tout petit que je suis, en me servant de votre nom, je grandirai empreint de votre contact, puis, j'éveillerai la curiosité publique; mais, je vous le jure, je saurai bien faire tourner cette curiosité au profit de Votre Majesté. Je dirai tout ce qui se passe ici, je ferai publier par la presse de Londres les tortures endurées par Votre Majesté, sous les griffes du tigre qui gouverne cette île, je souleverai l'indignation du monde entier contre le gouvernement anglais, et quand l'indignation du monde aura éveillé la vindicte humaine, il faudra bien que l'Angleterre rende à Votre Majesté ce qui lui est dû.

En faisant ainsi l'exposition de son projet, Santini avait mis une telle animation, que l'Empereur en fut frappé. Après avoir longuement réfléchi: — Eh bien! lui dit-il, en prenant l'oreille de Santini, ton projet me plaît; mais as-tu bien songé à toutes les chances de la tâche que tu vas entreprendre?

Peut-être est-elle au dessus de tes forces!

Et faibliras-tu en l'accomplissant?

— Jamais, mon Empereur. Et Dieu aidant, vous verrez ce que je saurai faire.

L'Empereur resta un moment absorbé dans ses pensées; puis, avec sa bienveillance habituelle, son sourire caressant, son œil doux, prenant Santini par l'oreille : — Bien! Montagnard, lui dit-il; et tout-à-coup son air changea, sa figure redevint impériale. Il devint sombre et réfléchi, et allongeant le pas, s'arrêtant, et marchant de nouveau, les bras croisés sur la poitrine et la tête légèrement inclinée, il s'arrêta brusquement en face de Santini; son œil brillait comme une étoile.

— Tu es donc bien décidé, Montagnard? lui dit-il.

— Décidé à tout, Sire!

— Eh bien! tu vas faire, dans les mains de sir Hudson, la déclaration suivante.

Et voici ce que l'Empereur fit répéter plusieurs fois à Santini, afin qu'il pût s'en souvenir.

« Le soussigné déclare vouloir rester à Sainte-Hélène au service de l'Empereur Napoléon, et se soumettre à toutes les restrictions que le gouvernement Britannique peut imposer à l'Empereur, mon maître, quoiqu'elles soient injustes et arbitraires. »

Et quand Santini sut par cœur la déclaration, l'Empereur le congédia avec bonté, en lui disant:

— Va, Montagnard, je te reverrai bientôt.

En effet, le lendemain l'Empereur faisait demander son fidèle Corse.

— Sais-tu lire? lui dit-il, du plus loin qu'il l'aperçut.

Très peu, Majesté, car ce que je sais, je ne l'ai appris qu'au corps-de-garde; cependant je puis me tirer d'affaire.

Et lui tapant sur la joue, l'Empereur ajouta:

— *Povero infelice, donque non sai far niente!*

— Pauvre malheureux, tu ne sais donc rien faire?

— *Mi credo bono à tutto quello che alla mia portata*

commo un altro. — Je me crois bon comme un autre à tout ce qui est à ma portée.

Lors, l'Empereur appuyé à la cheminée, la tête baissée, se mit à réfléchir; après un moment de silence, se retournant vers Santini, il lui mit dans la main un rouleau de papier, en lui disant :

— Fais moi voir comme tu sais lire ?

— Je tremblais, dit Santini, mais plus fort que le jour où, à bord du *Northumberland*, je lui pinçai le bout de l'oreille.

Cependant Dieu me donna la force, et je lus assez couramment cinq ou six lignes.

— Bravo, brigante! s'écria l'Empereur en se frottant les mains et en riant : — Bravo ! Je suis content de toi.

Combien te faut-il de jours pour apprendre tout cela par cœur ? — Deux jours, Sire.

— Diable ! Je voudrais bien voir cela. Et congédiant son brave Montagnard, *il lui laissa dans les mains* le rouleau de papier,

---

IV

La Protestation. — Santini la sait par cœur. — Il voit l'Empereur. — Le satin blanc. — Santini refuse de isgner les restrictions. — Piontowski. — Adieux de l'Empereur à Santini.

Le rouleau de papier que Santini emportait avec lui, était la protestation de l'Empereur contre l'acte arbitraire du Congrès de Vienne, qui, en dépit de toutes choses saintes, enchaînait sur un roc pelé le géant des batailles. Désormais, le chêne majestueux, redevenu arbuste, était à nu sous l'aquilon. Ce prodigieux Agamemnon d'une Iliade tant historique, ennemi juré de cette vieille civilisation qui s'en allait, devait souffrir, torturé pendant six ans par le dernier des bourreaux anglais.

Mais revenons à Santini.

A peine vingt-quatre heures s'étaient écoulées depuis sa dernière entrevue avec l'Empereur, que celui-ci se présentait à son maître, et lui rendait le rouleau de papier qu'il en avait reçu.

— Déjà ! fit Napoléon tout étonné.

— Oui ! Sire : toute ! toute ! répliqua Santini.

Et le Montagnard récita tout d'un trait, et sans se tromper, la protestation.

« Je me vois encore en sa présence, dit Santini, et ce souvenir ne s'effacera jamais de mon cœur. L'Empereur était content, et moi, j'étais heureux de le voir ainsi. Il me prit par l'oreille quand j'eus fini de lui débiter ce que j'avais appris, et me recommanda de m'efforcer de ne rien oublier.

» Si tu peux arriver jusqu'à Londres, me dit-il, tu la feras imprimer. En Angleterre, tu trouveras des braves, et il y en a beaucoup qui ne partagent point, à mon égard, les préventions de leur gouvernement. Va les trouver, ils t'aideront à remplir la mission dont tu te charges, et quand cela sera fini, va voir les divers membres de ma famille, dis-leur tout ce que tu sais de moi, et ils t'accueilleront avec plaisir. Ton sort est à jamais assuré, car sois sûr qu'ils ne t'abandonneront jamais. Que ta première visite en quittant Londres soit pour le prince Eugène à Munich. Ce prince est la perle des hommes : surtout n'oublie pas de lui dire . . . . et il me dit bien d'autres choses encore que je ne puis publier. »

Santini promit donc à l'Empereur de suivre exactement les ordres qu'il lui prescrivait. Cependant une vague terreur assiégeait l'âme du Montagnard. Il ne s'illusionnait pas complètement sur la réussite de son projet. Aussi ne dissimula-t-il pas ses craintes à l'Empereur.

Le lecteur n'a point oublié sans doute, qu'à propos des

chaussures faites à son maître, Santini avait conservé quelques bribes de cette étoffe donnée par mesdames Bertrand et Montholon. Eh bien ! ces fragments il les représenta à l'Empereur.

« Sire, lui dit-il, une pensée m'est venue, et j'ose espérer que Votre Majesté l'approuvera : Ne serait-il pas bon de faire transcrire sur cette soie la protestation ; et cela fait, de coudre ces fragments dans la doublure de mes habits, afin que, si j'oubliais quelques phrases du manifeste, je pusse les retrouver au besoin dans cette transcription ? »

L'Empereur approuva fort cette idée, prit le satin, sourit, et congédia Santini avec ces mots en patois corse :

« *Bené, brigante, con la tua aria di non saper far niente, credo benè que reusciroi ; fero copiare la protestatione e te faro demandare.*

« Va ! avec ton air de ne rien savoir faire, je crois bien que tu réussiras. Je ferai transcrire la protestation et te ferai demander. »

Ce même jour, Santini et Piontowski, ayant refusé de signer les restrictions modifiées par Hudson-Lowe, furent prévenus qu'ils eussent à se préparer à quitter l'île de Sainte-Hélène, pour être transportés au cap de Bonne-Espérance, et de là en Europe.

Sous le gouvernement despotique de Sir Hudson, un refus de lui obéir entraînait le bannissement de l'île : c'était là son respect pour le droit des gens. Mais une chose qu'aucun des exilés n'avait pu prévoir, ce fut le renvoi de quatre serviteurs dévoués arrachés à la fois au personnel déjà si restreint de l'Empereur Napoléon. Qu'avaient ils fait ces braves serviteurs pour qu'on les chassât ainsi, sans mesure ? Était-ce parce qu'ils avaient montré à leur maître trop de dévouement ? Oui ! c'était là tout leur crime ! Et puis c'était un ordre de sir Hudson ! . . . .

Cependant, par un reste de convenances, on laissait au

général Bonaparte, la liberté de désigner pour le départ ceux de ses domestiques qui lui seraient le moins utiles. Quoiqu'affligé de cette mesure inique, l'Empereur dut se soumettre, et désigna Archambault cadet, dont à la rigueur il pouvait se passer comme piqueur, vu le petit nombre de chevaux ; et l'argentier Rousseau, dont les services étaient devenus impossibles par la vente de l'argenterie.

Mais l'heure de la séparation avait sonné. Déjà le navire qui devait transporter les quatre exilés de l'exil, au cap de Bonne-Espérance, était prêt à mettre à la voile ; quelques heures encore, et ces fidèles serviteurs, ces cœurs loyalement dévoués, ces hommes qui avaient tout abandonné, frères, parents, amis, pour suivre à Sainte-Hélène leur Empereur, allaient de nouveau traverser l'Océan pour retourner en Europe, en France, mais sans lui, sans leur noble et généreux maître ; oh ! oui, bien généreux, car ils ne partaient pas, ces bons et loyaux serviteurs, sans emporter avec eux ce témoignage constant d'affection et de prévoyante sollicitude, que l'Empereur ne cessa jamais d'avoir pour ceux qui lui furent dévoués. Avant de s'en séparer, il les fit tous appeler, et là, après de tristes et touchants adieux, après leur avoir recommandé de chérir sa mémoire, et d'aimer toujours et avant tout la patrie qu'ils allaient revoir, il leur donna à chacun un titre de pension viagère, payable par les divers membres de sa famille ; puis, avec un geste et un regard qui se ressentaient de l'émotion de son cœur, il les congédia, en faisant signe à Santini de rester.

Quand ils furent seuls :

— Ta résolution est-elle toujours la même ? lui demanda l'Empereur.

— Plus que jamais, Majesté.

— Surtout, ne te compromets pas, sois prudent, modère cette fougue qui t'entraîne, sans cela tu serais perdu.

— Je serai prudent, répliqua Santini, je penserai que je dois sauver Votre Majesté des griffes d'un tigre!...

Et l'Empereur, appelant le comte Las-Cases et son fils Emmanuel, qui travaillaient alors dans un petit cabinet attenant à ses appartements :

— Avez-vous achevé cette transcription ? leur demanda-t-il avec bonté.

— Oui, Sire, répondit Emmanuel, la voici ; et il remit à Napoléon les fragments de satin sur lesquels il avait transcrit à l'encre de Chine, et en caractères microscopiques, la protestation (1).

Ce document important passa dans les mains de Santini, qu'il reçut avec les derniers adieux de son maître, de ce maître tant adoré, près de qui il ne devait plus retourner que vingt-cinq ans plus tard, quand la France rendant justice au héros couché dans une tombe impériale, l'aurait abrité sous le dôme imposant des Invalides. Vingt-cinq ans ne sont qu'une minute pour l'éternité ; et cependant, que de choses devaient s'accomplir dans ce court espace de temps : Vingt-cinq ans !!!

Deux dynasties avaient tour à tour été renversées par le souffle des révolutions. Puis la République était venue servir encore une fois de transition à un second Empire. Et après le grand nom de Napoléon devait rayonner d'un nouvel éclat, en chassant pour toujours les ombres qui voilaient à la France toutes les splendeurs de l'Empire.

Cette dictature providentielle qui, commençant en décembre 1848, finissait en décembre 1852, reconstruisait sa force gouvernementale, en faisant revivre le programme de l'Empereur.

Proclamé par le peuple, Napoléon III, ceint de la pourpre des Césars, ne devait remonter sur le trône que pour voir

---

(1) Cette protestation, que nous reproduisons en son entier, aux notes justificatives, fut écrite par le comte de Montholon, sous la dictée de l'Empereur.

fleurir autour de lui le commerce, les sciences et les arts.

Il devait donner au monde un spectacle imposant et un gage de son amour pour la France, en oubliant les mauvais traitements qu'avait subis le héros de Sainte-Hélène, et en faisant asseoir, sur son char triomphal, l'Angleterre qu'il associait à ses succès.

O merveilleux desseins de la Providence ! Qui aurait cru que ces vaisseaux anglais qui, naguère encore, traitaient en ennemis nos preux guerriers de Marengo, un jour se montreraient fiers de recevoir à leur bord les fils de ces mêmes braves qu'ils traiteraient alors en alliés, comme de vaillants soldats que l'on admire et dont on reconnaît tout le prix.

C'est que, brisant avec l'inspiration du génie cette vieille politique systématique et doctrinaire des vieilles cours de l'Europe, Louis-Napoléon devait compléter la défaite du despotisme, en rendant à la France le rang qu'elle occupait parmi les nations.

Et voilà ce qui devait s'accomplir dans vingt-cinq ans ! Et voilà ce qui devait se faire, avant que Santini ne revînt près de son maître !!!

V

Départ de Sainte-Hélène. — Arrivée au Cap. — Retour à Sainte-Hélène. — Bontés de l'Empereur. — Haine de l'Angleterre pour les amis de l'Empereur. — Arrivée à Portsmouth. — Londres. — L'Italien J. Antonio. — Robert Wilson. — Lord Holland.

Le 19 octobre 1816, un an après l'arrivée de l'Empereur à Sainte-Hélène, une gabarre de transport de la marine britannique quittait la rade de James-Town, et faisait voile pour le continent d'Afrique.

Sur le pont de ce navire, quatre hommes, les joues inondées de larmes, les yeux fixés sur l'île, saluaient du geste et de la voix, ces roches volcaniques qui fuyaient derrière la gabarre, et allaient se perdre dans la brume du soir.

Ce rivage bordé d'écueils, brûlé par le feu de cent batailles, et où le ciel avec rage secoue ses gerbes d'éclairs; ces quatre hommes saluant cette tombe prématurée où l'aigle de l'Empire était venu s'abattre; c'était la terre d'exil de l'Empereur! . . . .

Les quatre serviteurs : Piontowski, Archambault cadet, Rousseau et Santini.

Or, avant de quitter Sainte-Hélène, Santini s'était entendu avec Cypriani, le maître d'hôtel de l'Empereur, afin d'établir une correspondance active, toutes les fois que l'occasion s'en présenterait, et cela faire, sans danger pour eux. La correspondance fut nulle; aucun incident remarquable ne venant alors signaler la traversée.

Arrivés sur le continent d'Afrique, les quatre déportés furent enfermés dans la citadelle de la ville du cap de Bonne-Espérance. Il leur fut défendu de communiquer avec qui que ce fût. Enfin, après cinquante jours de captivité au secret, ils furent embarqués sur la frégate l'*Orontès*, venant de l'île de France, et allant à Portsmouth, en passant par Sainte-Hélène. Ils allaient donc revoir une fois encore cet écueil où ils avaient laissé toute leur joie, abandonné toute leur espérance.

Ils allaient de nouveau respirer ce souffle brûlant du Midi, cet air volcanique et meurtrier qui tuait lentement leur maître, minute à minute, et plus sûrement que le fer et le poison. Ce fut le 31 décembre 1816, que la frégate vint mouiller dans la rade. Le même jour et à la même heure, le brick le *Griffon* recevait à son bord le comte Las-Cases et son fils Emmanuel.

La frégate l'*Orontès* resta cinq jours au mouillage, Santini en profita pour faire parvenir un billet à Cypriani. Ce dernier s'empressa de le communiquer à l'Empereur, qui envoya aux captifs, deux caisses de vin du Cap, un mouton, douze volailles, de la farine, du thé et du café.

Le commandant de l'*Orontès* ayant appris que l'Empereur avait fait envoyer aux déportés ces provisions, fit appeler Santini, et lui ordonna, sous prétexte qu'il n'y avait pas de place libre à bord, qu'il eût à tuer le mouton et les volailles, immédiatement.

Sur l'observation de Santini, que sous cette latitude ces viandes se corrompaient, le commandant persista et voulut être obéi.

Alors Santini indigné de ce parti pris, répondit :

« Mon malheureux maître manque de tout. Il s'est privé pour nous de ces provisions; si elles ne doivent pas nous profiter, renvoyez-les lui. »

Ce qui fut exécuté sur le champ.

Ces tristes détails, si minimes en apparence, ne peignent-ils pas avec la naïveté abrupte du fait lui-même, toute une époque et tout un gouvernement. . . . .

Heureusement pour l'humanité et pour l'honneur de la nation anglaise, que le peuple de la Grande-Bretagne n'était pas complice des infamies du cabinet de lord Bathurst, et qu'il y avait à Londres, dans l'aristocratie, de nobles et dignes caractères, lesquels voyaient avec douleur, la tache de Sainte-Hélène, sur le blason de leur pays et sur les couleurs de leur drapeau.

Mais pendant que le héros de Sainte-Hélène, comme une veilleuse qui se consume dans l'urne, agonisait dans sa tombe, nos quatre déportés faisaient voile vers l'Angleterre. Ce fut au milieu de cette vigilance inusitée, de cette inquisition politique née de la peur, que Santini arriva en Europe. Le 12 février 1817, l'*Orontès* mouillait dans la rade de Portsmouth.

Santini, qui avait hâte de commencer la grande tâche qu'il avait entreprise, fit demander son passeport pour Rome, et après l'avoir obtenu, feignant de chercher un navire pour se rendre sur le continent, partit le même jour pour Londres, où il arriva incognito, quarante-huit heures après son débarquement à Portsmouth.

A Londres, la conduite de Santini fut habilement calculée. Pour éviter les investigations de la police, il changea tous les jours de nom et de demeure, parlant avec prudence, voyant peu de monde, et se défiant de tous.

Hélas! un mois s'écoula bientôt sans amener de résultat pour la cause qu'il servait si ardemment, et à laquelle, pour une lueur d'espérance, il eût sacrifié vingt ans de sa vie. Déjà le désespoir allait s'emparer de Santini, lorsqu'un Italien, le nommé J. Antonio, qu'il rencontra dans une taverne, et qui avait servi dans nos armées, homme attaché de cœur à Napoléon, et réfugié à Londres par suite de ses opinions bonapartistes, lui fit connaître la demeure de son sauveur, sir Robert Wilson, et la noble conduite de ce brave Anglais, qui, sous Louis XVIII, avait arraché à l'échafaud le comte de Lavalette. Santini, avec sa perspicacité et le tact subtil des montagnards corses, comprit bien vite tout le parti qu'il pourrait tirer d'une âme si généreuse. Il pensa donc que s'il pouvait arriver jusqu'à cet homme honorable et plein d'énergie, sa tâche serait infiniment simplifiée.

Mais comment trouver dans la grande ville de Londres, sir Robert Wilson? Comment obtenir son adresse sans éveiller les soupçons de la police? car Santini n'osait toujours pas se dévoiler à Antonio. Cependant les jours s'écoulaient, et il fallait en finir.

Enfin il se décida, et sous le prétexte plausible qu'il serait heureux de connaître un homme dont la générosité était si répandue dans le monde ; un homme qui, à juste titre, méritait toutes les sympathies du parti napoléonien, il se hasarda à demander à J. Antonio, la demeure de sir Robert.

Nullement étonné de cette demande qui lui sembla toute

naturelle, Antonio lui répondit qu'il s'en informerait, et le même soir Santini avait ce qu'il désirait.

Arrivé chez le noble officier auquel il avait demandé audience: — Général, lui dit-il, mon nom est sans doute trop obscur pour être parvenu jusqu'à vous? Je me nomme Santini, je suis Corse, et j'arrive de Sainte-Hélène, où j'ai suivi l'Empereur, mon maître, comme l'un de ses moindres serviteurs.

C'est pour mieux servir l'Empereur, que chassé par Hudson-Lowe, je suis venu à vous, Général, à vous, qui avez si noblement défendu le comte de Lavalette; à vous, pour vous dire: — Sir Robert Wilson, hâtez-vous, si vous voulez épargner une ineffaçable souillure à votre drapeau! sauvez l'Empereur Napoléon, mon maître, qui se meurt sous les tortures de Sainte-Hélène! Sauvez-le, ou bientôt il sera trop tard.

— Merci, merci, mon ami, de votre confiance en moi; mais que puis-je faire pour vous prouver que je la mérite? répliqua sir Wilson.

— M'aider à faire connaître à votre pays, à l'Europe, les indignes traitements que votre ministre, par les mains d'Hudson-Lowe, fait souffrir à mon infortuné maître. Publier par la voie de la presse la protestation que voici.

Et Santini donna à Sir Wilson la protestation de l'Empereur, que ce serviteur dévoué avait transcrite depuis qu'il était à Londres.

— Bien! mon ami, laissez-moi cet écrit, je le lirai; revenez demain, je vous conduirai chez quelqu'un qui pourra nous aider.

A demain, n'y manquez pas! ayez bonne espérance; les gens de cœur dans la Grande-Bretagne ne font jamais défaut à l'appel de l'infortune.

Le lendemain, sir Robert Wilson, accompagné de deux personnages dont Santini a toujours ignoré le nom, conduisait le brave Corse chez lord Holland, dont la mémoire est si chère à tous les cœurs français.

Lord Holland lut et relut vingt fois la protestation; ses yeux étaient pleins d'indignation. Et lorsque Santini lui eut expliqué qu'on avait fait beaucoup de copies de cette pièce, et qu'on les avait remises à des voyageurs, qui, tous ayant promis à son maître de les rendre publiques, n'avaient point tenu parole, lord Holland se leva, en s'écriant avec force: — Eh! moi, je vous promets qu'elle sera publiée; je m'y engage sur l'honneur.

Faites une simple notice, dites comment Napoléon est traité, comment il est nourri, logé, et à cette notice nous joindrons la protestation de votre maître, qui est la pièce essentielle. Alors les journaux publieront cela, feront des appréciations, du bruit, et j'aurai ainsi l'occasion d'interpeller le ministre, de lui demander l'exhibition des pièces relatives à Sainte-Hélène, et les instructions qu'on a données au gouverneur. Toutefois, ajouta-t-il, il est malheureux, pour donner plus de retentissement à cette affaire, que vous ne soyez pas un homme public. Cependant sir Robert vous présentera à l'un de nos amis, vous lui donnerez vos notes: travaillez activement. Quant à moi, je vais me mettre à l'œuvre, et m'occuper sérieusement de cette grave affaire. Si par hasard la police vous arrêtait, continua lord Holland, en congédiant Santini, écrivez-moi au conseil privé de Sa Majesté; je vous ferai mettre en liberté immédiatement.

Cette noble assurance mit la joie au cœur de Santini. Désormais, il pouvait marcher sans crainte, dans la voie qu'il s'était tracée, agir en plein soleil, la tête haute, ne craignant plus d'aborder de front les difficultés les plus graves.

VI

Encore la protestation. — Richewey. — Publicité. — Effet de cette publicité. Le sort de l'Empereur s'améliore. — Paroles de l'Empereur. — Départ de Santini.

En sortant de chez lord Holland, sir Robert Wilson se hâta de présenter Santini à M. Richewey, libraire à Piccadilly.

Sur les notes de l'intelligent serviteur, et avec la protestation de Napoléon, il fut rédigé une brochure et divers articles de journaux pleins d'une chaleureuse éloquence en faveur de l'illustre proscrit. En moins de quinze jours, toute l'Angleterre fut instruite du cruel état dans lequel le gouvernement de la Grande-Bretagne laissait expirer le noble et généreux ennemi qui s'était confié à la loyauté du Prince Régent. Un cri général d'indignation sortit de toutes les poitrines pour flétrir le cabinet de lord Bathurst. On le censura dans des pamphlets remplis d'amers sarcasmes. C'était ce que voulait lord Holland, c'était ce qu'il avait prévu. Cette protestation unanime lui fournit l'occasion de faire triompher une juste cause en même temps qu'elle plaçait l'opposition sur un terrain favorable.

Les débats s'engagèrent.

Lord Holland, le 15 mars 1817, en pleine Chambre des Communes, interpella le Ministère.

Lord Bathurst répondit que ces assertions de la presse périodique étaient erronées, et que Santini n'était qu'un misérable aventurier, sans consistance sociale, une espèce d'intrigant de bas étage, payé par le parti turbulent de l'opposition pour faire du bruit.

Ce à quoi, lord Holland répliqua :

— Que Santini n'était pas un turbulent, un misérable aventurier ; mais un brave et fidèle serviteur, qui, au péril de sa vie, avait entrepris de sauver son maître ; et que là, d'ailleurs, n'était pas la question. Quand même, s'écria-t-il,

Santini ne serait pas un homme d'honneur, n'avons-nous pas sous les yeux une pièce autrement importante que toutes les versions des journaux, que toutes les redites de la voix publique. La protestation de Napoléon, écrite avec ce caractère qui en fait un style sans égal, ne porte-t-elle pas avec elle le cachet de l'authenticité la plus irrécusable ? Oui ! cette pièce est vraie, malheureusement trop vraie, pour l'honneur de votre cabinet. Elle flétrit le gouvernement anglais, elle le stygmatise d'une manière indélébile, et ce qu'elle dit est l'expression de la vérité la plus irréfutable ! Burinée avec feu par les mains de la plus noble, de la plus imposante infortune qui fut jamais, elle est votre propre condamnation.

Enfin, dans la dernière séance des Communes, la question du droit des gens et celle de l'humanité, y furent posées par lord Holland avec une lucidité et une conviction si sympathique, que le triomphe de cet illustre défenseur de Napoléon fut complet. Lord Holland est un de ces nobles caractères pleins de sentiments élevés, et qui, par le maintien, la décence dans les manières, la noblesse des grâces dans le discours, les nuances fines et délicates, a laissé de sa personne un souvenir tel, que la Grande-Bretagne s'en honorera éternellement. Ce fut pour lady Holland, et en récompense du noble caractère de son époux, que Napoléon écrivit de sa propre main, dans un codicille de son testament : « Je lègue à lady Holland, le camée antique que le pape Pie VII m'a donné à Tolentino. » Nobles paroles, si courtes mais si expressives, et qui peignent si vivement toute la grandeur d'âme et la sollicitude de Napoléon pour ceux qui lui étaient chers.

Cependant, un vaisseau ayant à son bord des commissaires pris dans les rangs de l'opinion mixte de la Chambre, fut expédié pour Sainte-Hélène.

Ces commissaires, avec plein pouvoir d'examiner rigoureusement la position de l'Empereur à Longwood, et d'agir selon les circonstances, ne purent cependant point changer le climat de Sainte-Hélène.

Ils pouvaient changer le geôlier, et ils le laissèrent. Aussi avec ces deux éléments destructifs : — Sir Hudson, et l'air dévorant de l'île, la mort eut-elle bientôt saisi sa proie. Son œuvre fut promptement terminée. Cependant, il faut l'avouer, le débarquement de ces commissaires dans l'île, ne fut pas tout-à-fait sans résultat pour l'illustre prisonnier. Elle améliora sensiblement sa position.

Et quand ce grand homme reçut la brochure et les divers journaux dans lesquels Santini avait fait publier la protestation, il s'écria tout joyeux :

« Je vous l'avais bien dit que mon Montagnard réussirait. »

Ainsi fut accomplie pour Santini, cette importante et première partie de la mission de cet intelligent et dévoué serviteur.

C'est de tous les faits mémorables, la plus grande victoire qui ait été remportée en faveur du bon droit et de l'humanité, par un homme sans fortune, sans instruction, sans position dans le monde, contre un gouvernement fort, et ayant pour lui tous les éléments de répression. Mais Santini, sans nul doute, aurait été brisé dans cette lutte gigantesque, s'il n'eût rencontré sur son chemin deux hommes de cœur, les deux plus beaux caractères de l'aristocratie anglaise ; et si une autre âme, non moins généreuse, quoique dans un rang moins élevé de la société, ne lui eût tendu la main.

Mais le moment de quitter Londres étant arrivé, Santini alla remercier lord Holland, et lui offrit une mèche des cheveux de l'Empereur.

Ce lord reçut avec une vive reconnaissance cette relique du grand homme. Sir Robert ne fut pas oublié non plus, et il accepta avec joie quelques bribes de l'habit d'uniforme du géant de Marengo.

Fier d'avoir si bien rempli sa mission, Santini quitta Londres vers la fin de mai, et, sous les apparences d'un valet de chambre, vint s'embarquer à Douvres, d'où, sous un faux nom, il se rendit à Ostende.

Il traversa toute la Belgique, parvint à dérouter toutes les combinaisons de la police, et arriva sans accident à Carlsruhe, résidence de la bonne et généreuse Stéphanie de Bade, âme pieuse et dévouée, descendue sur la terre pour soulager et consoler l'infortune, et dont la vie, douce et tranquille, chaque jour rayonne d'un prisme nouveau.

Dans une audience que Santini obtint de cette princesse, il reçut d'elle un mot d'introduction près du prince Eugène, et à bout de ressources, un don de cinquante louis.

Cette générosité de la grande duchesse reçut bientôt sa douce récompense. Un objet bien sensible à son cœur lui fut donné par Santini. C'était une touffe de cheveux de l'Empereur ; sainte relique, précieux talisman qu'elle conserve pieusement, et contemple avec amour.

VII

Voyage de Santini. — Arrivée à Carlsruhe. — Munich. — Le prince Eugène. — La police veille. — Chez le consul anglais. — Lac de Côme. — Terreur de la Sainte-Alliance. — Milan. — Mantoue. — La femme-espion. — Il sera conduit à Brünn.

Santini, qui voyageait en poste et sans bagages, avait contracté la prudente habitude de descendre de voiture environ un quart d'heure avant d'arriver aux cités qui se trouvaient sur son itinéraire, et de n'y entrer que nuitamment, sans affectation, comme un simple habitant de ces résidences. Par ce moyen, il évitait les investigations de la police, clouée aux portes de toute ville allemande, et qui, à cette époque de panique politique et de crainte, veillait alors activement.

A son arrivée à Munich, Santini se hâta de se rendre à l'hôtel du prince Eugène, et, sur la présentation du billet de la princesse Stéphanie, fut reçu en audience particulière.

L'entrevue dura plus d'une heure; le prince ne se lassait pas d'interroger celui qui avait suivi dans l'exil son père adoptif. Ses questions étaient sans suite, précipitées, ses gestes animés. Il marchait en parlant, puis, s'arrêtant brusquement en face de Santini, le regardait en silence, comme un homme qui doute; puis il reprenait son interrogation :

— Que fait l'Empereur ! lui disait-il; parle-t-il de moi; et des mots sans suite, sans liaison, s'échappaient de la bouche du prince.

Oh! l'Autriche ! s'écriait-il, et il frappait du pied. Et reprenant sa marche, il exclamait de nouveau :

— Oh! l'Autriche! l'Autriche! . . . .

Et quand Santini lui présenta une mèche de cheveux de l'Empereur, il la porta vivement à ses lèvres, comme une chose sacrée.

Enfin, le prince, avant de congédier le serviteur dévoué de son père, lui demanda s'il avait besoin d'argent pour continuer son voyage. Santini répondit qu'il lui restait à peine quelques louis de ceux que la grande duchesse lui avait donnés.

— Reviens demain matin, fit le prince, et je pourvoirai à tes besoins....

Santini sortit, mais il ne devait plus revoir le fils bien aimé de son infortuné maître.

Le lendemain, au moment où il se disposait à se rendre chez le prince, un sbire vint brutalement lui ordonner de le suivre chez un commissaire. Ce magistrat lui demanda d'un ton d'autorité et avec ce calme imposant d'un juge d'instruction qui fait trembler l'innocence même, quel pouvait être le but de son voyage? et pourquoi il était allé faire visite au prince Eugène, sans en prévenir la police?

Santini répondit qu'il était allé rendre ses devoirs au prince Eugène, mais qu'il ne pensait pas que cela fût un crime....

Ici, le commissaire de police imposant silence à l'imprudent visiteur, lui ordonna de partir sur le champ de Munich, s'il ne voulait être arrêté à l'instant même. Sur l'observation de Santini, qu'il était malade, et qu'il avait besoin de quelques jours de repos, il lui fut accordé vingt-quatre heures; c'était plus que n'en voulait l'intelligent Montagnard. Mais Santini ne connaissait pas encore toute la rouerie de la police bavaroise.

Muni d'un passeport anglais, le prudent Corse croyant pouvoir compter sur le consul de la Grande-Bretagne, résidant alors à Munich, eut l'idée de se mettre sous sa protection. Le consul le reçut avec civilité, renouvela l'interrogatoire du commissaire, et d'un ton moins malveillant et moins acerbe que ce magistrat, lui demanda de nouveau, comme un homme qui s'attendait à sa visite, ce qu'il était allé faire chez le prince Eugène?

A toutes ces demandes, Santini ayant répondu d'une manière évasive, et le Consul voyant qu'il ne pourrait rien savoir de positif, changea de ton à son égard et l'avertit qu'il serait arrêté le jour même; ce qui eut lieu à sa sortie de chez lui et à la porte du prince Eugène, où Santini trouva deux sbires qui l'arrêtèrent brusquement.

En vain M. le comte Tascher de la Pagerie, qui se trouvait témoin oculaire de cette arrestation arbitraire, s'interposa-t-il entre Santini et les sbires, et fit-il valoir son titre d'oncle de Son Altesse; il fallut se soumettre à la force brutale. Enlevé et mis dans une chaise de poste qui brûla la route jusqu'à Ulm, il fut déposé aux portes de cette ville sans qu'on lui fît connaître le motif de cette violation du droit des gens. Seulement on l'avertit qu'il lui était défendu de retourner en Bavière, sous peine d'être arrêté, conduit France et livré aux autorités du pays.

Dans cette position, et ayant presque épuisé le peu d'argent qu'il avait, Santini n'eut de meilleur parti à prendre que celui de se rendre à Rome, près des membres de la famille de l'Empereur. Mais il comptait encore, comme il l'avait fait pour la police bavaroise, sans la police autrichienne, qui, prévenue qu'elle était, l'attendait à la frontière, au lac de Côme, où il fut arrêté de nouveau, conduit en poste à Milan, enfermé dans une prison d'Etat, et cinq jours ensuite, après tous les moyens employés inutilement pour le faire parler, incarcéré dans la citadelle de Mantoue.

En vain le pauvre Corse protesta contre cette rigueur excessive commise à son égard ; sa voix fut étouffée. Le droit commun, à cette époque, était tué par le droit politique.

Cependant la police, dont le soupçon s'augmentait chaque jour avec le silence de Santini qu'on ne cessait de harceler par d'insidieuses questions ; fatiguée d'avoir mis tout en œuvre : promesses de liberté, places, argent, et tous les lâches moyens de l'espionnage, eut recours à d'autres piéges. Conservant cette apparence de pudeur que conseille Machiavel, elle résolut, quoi qu'il pût arriver, de ne pas relâcher sa proie, et essaya du moyen assez étrange que nous allons raconter.

Dans le personnel du service de la prison de Mantoue, se trouvait une jeune Allemande, assez fraîche et assez jolie, mais d'une finesse et d'une astuce à dérouter les plus clairvoyants, les hommes les plus fins et les plus habiles.

Souple, insinuante, elle savait arracher les secrets les plus intimes du cœur du malheureux qui se laissait prendre à ses charmes. La police ne pouvant pas trouver, pour ses desseins, de meilleur interprète, lâcha à Santini cette Armide de cachot.

Elle remplit son emploi avec un si grand naturel, que le pauvre Montagnard, jeune, ardent, et abandonné à cette solitude de prison qui fait désirer une compagne, se laissa prendre à ses avances et à ses enchantements.

Tous les jours, sous prétexte de faire sa chambre, elle venait passer une heure, puis deux, puis trois, puis la matinée, chez son nouvel amant. Mais, depuis quelque temps, le fin Montagnard avait vu le piége et l'avait évité.

Un jour, l'espionne allemande, feignant d'être vivement alarmée sur le sort du prisonnier, vint lui dire en pleurant qu'elle venait d'apprendre que le gouvernement allait l'envoyer au Spielberg; qu'il ne sortirait peut-être jamais des horribles cachots de cette terrible citadelle, mais qu'elle avait résolu de le sauver, fût-ce même au prix de sa propre liberté; que le moyen qu'elle avait imaginé était infaillible: que, revêtu d'un costume de femme, et le peu de surveillance dont il était l'objet aidant, il parviendrait facilement à s'évader. Elle ajouta qu'elle le suivrait et qu'ils gagneraient Rome ou toute autre ville d'Italie en dehors de la domination autrichienne, et qu'alors, à l'abri des poursuites de ses ennemis, Santini pourrait travailler en faveur de son maître, l'Empereur Napoléon.

Mais à cela, Santini qui, selon l'expression du poète, sentait le piége sous l'amorce, répondit avec un naturel à dérouter l'espion le plus habile, qu'il était trop heureux pour changer de position; et que, d'ailleurs, où pourrait-il aller, sans ressources et sans appui!... Où trouverait-il ce qu'il avait dans la prison de Mantoue?

Que lui manquait-il? N'avait-il pas là bon lit, bonne nourriture, et surtout une aimable femme pour le servir.

— Bah! s'écriait-il, on pourrait bien me laisser les portes de ma prison ouvertes, je ne serais pas assez niais pour en profiter!...

A cette déclaration inattendue et faite avec cet air de vérité qui bannit tout scrupule, l'espionne, changeant complètement de langage envers son protégé, sortit fort en colère et ne revint plus...

Une heure après, un agent du commissariat venait communiquer à Santini la décision de la police. Cette décision donnait à Santini la liberté d'opter, pour lieu de résidence, entre l'Angleterre et l'Autriche, mais entre ces deux pays seulement. En Autriche, il devait habiter Brünn en Moravie; en Angleterre, ce gouvernement aurait à lui signifier la ville où il serait mis en surveillance.

La décision portait, en outre, que Santini ne pourrait être entièrement libre qu'à la mort de Buonaparte son maître.

Santini n'essaya pas de protester contre cette nouvelle injustice... A quoi cela lui aurait-il servi?

Quant au choix qu'on lui laissait sur le pays qu'il devait habiter, il ne balança pas un seul instant, et choisit l'Autriche, pays qui lui paraissait plein de vie et d'avenir.

En effet, n'était-ce pas en Autriche que résidait le roi de Rome, cet enfant adoré du malheureux Empereur, noble victime vouée au cancer héréditaire, et pour lequel les poètes, qui voient tout en rose, comme jadis Virgile à Livie, avaient écrit :

Tu Marcellus eris !...

VIII

Départ de Mantoue. — Vienne. — Brünn. — La police. — Sympathie des habitants de Brünn pour Santini. — Douleur. — Joie. — Mort de Napoléon. — Départ. — Epilogue.

Ce fut dans les premiers jours de septembre 1817, après trois mois de séjour à Mantoue, que Santini fut extrait de sa prison. On le fit monter en voiture entre deux agents de police, et on le mena en poste à Vienne, où il fut incarcéré au secret. Enfin, après vingt jours de la plus rigoureuse détention, et après avoir fait les plus vives réclamations auprès du gouverneur, on le fit partir pour Brünn en Moravie.

Là, après plusieurs intimidations et la défense expresse de ne point quitter la ville (les faubourgs même lui étant interdits), Santini fut accouplé à une espèce de brave homme, au dire de la police, mais lequel brave homme n'était tout simplement qu'un espion de la plus lâche condition, comme l'apprit plus tard le brave Corse.

— Vous serez convenablement logé, lui dit le Directeur, et vous verrez que votre existence en cette ville sera des plus heureuses. Seulement, vous serez tenu à vous présenter chaque quinzaine dans nos bureaux ; quant à votre subsistance, le gouvernement autrichien y a pourvu largement ; il vous est alloué 180 francs de votre monnaie. Surtout, n'oubliez pas que votre conduite sera la règle de la nôtre.

Il y avait huit jours à peine que Santini était installé à Brünn, et tout le monde savait déjà qu'un serviteur de Napoléon était arrivé de Sainte-Hélène. Là, comme à Londres, la curiosité ne faisait pas défaut. La police d'abord voulut arrêter cet élan, mais elle finit par comprendre qu'elle ne ferait que se donner un ridicule de plus, sans profit pour le silence.

Bientôt le brave Corse se vit obsédé de toute part : chez lui, dans les lieux publics, au théâtre, au café, au café surtout que fréquentaient les officiers, et où Santini avait pris l'habitude de se rendre chaque après-dîner.

Assiégé de questions sur l'Empereur, en peu de temps il se vit entouré de l'estime de ceux qu'il fréquentait. Cette sympathie devint même patriarchale. Mais le moment n'était pas éloigné où ces marques de confiance et d'amitié devaient faire place au dédain, à la défiance et au mépris les plus prononcés.

Un jour que Santini, c'était environ deux mois après son arrivée à Brünn, venait de se rendre au café ; en entrant, il se dirige vers une table où se trouvaient déjà quelques officiers, de ceux qui lui avaient toujours montré la plus vive affection. A peine y est-il assis, que le vide se fait autour de lui. Tous s'éloignent, le regard de mépris aux yeux, le sourire de l'insulte aux lèvres; Santini reste seul, isolé comme un criminel.

L'âme blessée de cette réception inique, et qu'il ne peut s'expliquer, le brave Montagnard interpelle vivement les officiers groupés à quelque distance de lui, et les somme de lui rendre raison de leur conduite.

A cet appel, un capitaine, celui qui lui avait toujours montré le plus de déférence, s'approche, jette un journal sur la table, et montre du doigt un assez long paragraphe, avec ce seul mot : « Lisez. » Ce paragraphe, de l'*Observateur autrichien*, était un extrait d'une feuille ministérielle de Londres, où il était dit qu'un aventurier corse, nommé Santini, se disant autorisé par Bonaparte, son maître, à venir publier en Angleterre un manifeste contre sir Hudson et contre le gouvernement de la Grande-Bretagne, n'était qu'un fourbe et un imposteur chassé de Longwood pour sa mauvaise conduite. Cet article ajoutait encore, que, venu en Europe pour exploiter la crédulité publique, Santini tirait grand parti d'une foule de brochures mensongères, et qu'à cette industrie il joignait celle de vendre, au poids de l'or, des fragments de vieilles broderies et de vieux vêtements qu'il prétendait avoir appartenus à Bonaparte:

Peindre la colère de Santini à la lecture de cet atroce mensonge, serait au-dessus de nos forces; son désespoir étant d'autant plus terrible, que le pauvre Montagnard n'avait alors aucun moyen en son pouvoir de détruire cette horrible calomnie.

Il proteste de toute son énergie, de toute son innocence, contre la fausseté du journal de Londres; mais en vain: l'impression est produite, et déjà les officiers ne l'écoutent plus.

Blessé dans sa dignité, mais fort de sa conscience, Santini sort du café au milieu des railleries amères et piquantes que les militaires sèment à plaisir sur son passage. Mais la police autrichienne avait gagné, à ce compte, ce qu'elle désirait : l'isolement complet du pauvre étranger.

Dès lors le pauvre Corse, n'inspirant plus que du dégoût et de la défiance à ceux qui naguère l'entouraient de prévenances, prit le parti de se confiner dans son appartement.

Un matin, c'était environ quinze jours après la scène que nous venons de raconter, Santini, absorbé dans de cruelles pensées, entend tout à coup un grand tumulte dans son escalier.

On parle vivement, on monte, et vingt officiers, chapeau bas, entrent en foule dans sa chambre, ayant à leur tête ce même capitaine qui, au café, lui avait montré du doigt l'article extrait de la malveillante feuille de Londres. Il se précipite vers Santini, et lui met sous les yeux un assez long article de *l'Observateur autrichien*. Cette fois, l'article est bien différent, et l'attitude des officiers bien différente aussi.

Voici, en substance, ce que portait l'extrait du journal anglais :

« Tout ce que le journal ministériel de Londres a publié de Santini, est une atroce calomnie. Santini est un brave serviteur qui a sacrifié son existence et son avenir pour faire connaître à l'Europe les tortures que l'Empereur Napoléon, sous Hudson-Lowe, subit sans se plaindre et avec la résignation d'un martyr.

» Santini n'a fait à Londres, ni trafic de publicité, ni d'objets ayant appartenu à l'Empereur. Il a au contraire dignement et courageusement accompli sa mission, et il n'est pas vrai qu'il ait été chassé ignominieusement de chez moi. je ne l'ai pas même vu quand il s'est présenté à mon hôtel. Présent, je l'aurais accueilli avec plaisir.

. . . .

» Signé, le Comte de Flahaut. »

Le même journal portait encore deux autres articles, tout aussi explicites que celui que nous venons d'analyser, et signés de deux noms d'une moralité aussi grande que

celle du comte : — ceux de sir Robert Wilson et Richewey.

Ces deux honorables Anglais attestaient de plus, dans leurs articles, que Santini, à qui l'on avait offert le produit de la vente de la brochure publiée en Angleterre, et tirée à plus de cent mille exemplaires, avait refusé cette offre généreuse, en priant ses protecteurs de vouloir bien appliquer cet argent aux besoins des pauvres de Londres.

L'ovation qui suivit cette juste réhabilitation de Santini, fut prompte et grande.

Jamais réparation ne fut faite avec plus d'apparat. Le pauvre Montagnard en était tout contrit.

A partir de cette époque, les trois années qui s'écoulèrent jusqu'en 1820, n'apportèrent dans la vie de Santini aucuns faits graves, vraiment dignes d'être mentionnés.

Il sut habilement éviter les piéges incessants de la police, reçut même sympathie empressée de la part des habitants et des officiers, et sauf quelques démarches infructueuses pour obtenir sa liberté, telle fut en somme, l'existence du Montagnard Santini dans la ville de Brünn.

Cependant, ayant résolu depuis longtemps, de faire parvenir au monarque autrichien une demande tendant à reconquérir sa liberté ; aidé puissamment du prélat de Brünn, il obtint de ce monarque une somme de cinq cents florins qui lui furent envoyés par François II lui-même, avec le conseil de se tenir tranquille jusqu'à la mort de Napoléon.

Santini se résigna en priant le ciel de le faire vieillir dans l'esclavage, puisque le jour de sa liberté devait être celui de la mort de son maître.

Hélas ! le malheureux n'attendit pas longtemps, car l'Empereur achevait son agonie. .   .   .   .

Or, maintenant, c'est vers la fin de juin 1821, que se passe la scène suivante :

Selon l'habitude qu'il en a contractée, Santini se dirige

vers son café. A son entrée dans cet établissement, tout le monde se tait. La réunion est nombreuse, et cependant chacun garde un religieux silence. Tous les yeux dans lesquels règne une tristesse inusitée, s'inclinent avec compassion vers lui, tous les fronts se découvrent....

Quel malheur immense vient donc planer là, sur ce lieu d'oubli et de récréation. ?

Déjà un pressentiment instinctif a frappé le cœur du Montagnard. Que se passe-t-il ?

Il s'assied, et on lui montre un journal, le dernier numéro de ce même *Observateur autrichien,* qui, dans deux autres circonstances, lui a fait tant de bien et de mal. Il lit : — Le héros avait légué l'opprobre de sa mort à la maison régnante d'Angleterre ! Il n'était plus ! . . . . .

En lisant ce mot fatal, pas un cri, pas une plainte, n'est sorti de la bouche de Santini, du fidèle serviteur. Pas un mot !..... Pâle, le regard tourné vers le ciel, attestant les poignantes angoisses, qui le déchirent et étreignent son cœur comme dans un étau, il pleure en silence, et nul n'ose troubler ce silence religieux ; nul n'ose jeter un mot de consolation à cette inconsolable douleur !...

Santini était libre ! mais que lui importait désormais la liberté ?

La tombe de Sainte-Hélène n'ensevelissait-elle pas avec son dévouement, toutes ses affections ! toutes ses espérances ! Désormais, tout était fini pour lui.

Son Empereur mort ! Que lui importait le monde !

Mais le jour vint cependant, où le pauvre Montagnard secoua cette apathie, en songeant qu'il devait accomplir jusqu'au bout, la promesse faite au héros vivant des Pyramides. Alors il se remit en route pour l'Italie, saluant cette ville hospitalière de Brünn, où il laissait tant de bons amis, et d'où il emportait de si chers souvenirs.

Nous ne suivrons pas Santini dans toutes ses pérégrinations à travers l'Allemagne et l'Italie ; nous dirons seulement, qu'après avoir présenté ses hommages à tous les membres de la famille de son maître : à Frohsdorff, à la reine de Naples ; à Rome, à Madame mère, cette moderne Cornélie; au roi Jérome, qui, pendant sa détention à Brünn, lui fit passer de l'argent et du linge, et ne cessa d'être pour lui, un généreux protecteur; Santini, se rendit en Corse, par la voie de Livourne. Arrivé dans son pays, qu'il n'avait pas revu depuis 1804, le brave Montagnard fut mis sous la surveillance des autorités départementales, entouré de suspicion et de mouchards.

Alors il quitta la Corse et vint se fixer à Paris.

Ce fut là que le trouva le 24 février 1848.

Comme tous les Napoléonistes purs, Santini comprit que cette révolution allait bientôt réaliser toutes ses espérances.

Il n'attendit pas longtemps.

Louis-Napoléon dans sa justice réparatrice, jeta les yeux sur l'homme dont le dévouement avait été si utile au premier de sa dynastie. Il choisit Santini, et après l'avoir nommé chevalier de la Légion-d'Honneur, lui confia la garde du tombeau de son oncle.

Aujourd'hui, sentinelle vigilante, placée dans ce lieu sacré où reposent les cendres du grand homme, au milieu des débris mutilés de ces vieilles légions qui portèrent nos faisceaux et nos aigles de Jaffa au Kremlin, il veille au splendide monument où dort Napoléon ; sur cette épée qui, sillonnant les sables d'Aboukir, les steppes du Borysthène, y sema la civilisation : il a les yeux sur ce petit chapeau devant lequel tant de fronts pâlirent, tant de couronnes s'inclinèrent; et comme un pieux fils qui garde les restes mortels d'un père adoré, Santini en priant pour Napoléon Ier, prie pour Napoléon III, son second bienfaiteur.

Heureux les grands hommes qui meurent en laissant de telles sympathies.

Heureux ceux à qui ces grands hommes les lèguent !

Leur nom est sacré dans l'histoire!!!

PIÈCES JUSTIFICATIVES.

PROTESTATION DICTÉE A SAINTE-HÉLÈNE,

Le 18 Août 1816,

PAR L'EMPEREUR NAPOLÉON.

« A M. LE COMTE DE MONTHOLON.

» Monsieur le Général, j'ai reçu le traité du 2 août 1815, conclu entre Sa Majesté Britannique, l'Empereur d'Autriche, l'Empereur de Russie et le Roi de Prusse, qui était joint à votre lettre du 23 juillet.

» L'Empereur Napoléon proteste contre le contenu de ce traité. Il n'est point prisonnier de l'Angleterre. Après avoir abdiqué entre les mains des représentants de la nation, au profit de la constitution adoptée par le peuple français, et en faveur de son fils, il s'est rendu volontairement et librement en Angleterre, pour y vivre en particulier, dans la retraite, sous la protection des lois britanniques. La personne de l'Empereur Napoléon se trouve au pouvoir de l'Angleterre ; mais de fait, ni de droit, il n'a été au pouvoir de l'Autriche, de la Russie et de la Prusse, même selon les lois et coutumes de l'Angleterre, qui n'a jamais fait entrer dans la balance des prisonniers, les Russes, les Autrichiens, les Prussiens, les Espagnols, les Portugais, quoique unie à ces puissances par des traités d'alliance et faisant la guerre conjointement avec elles.

« La convention du 2 août, faite quinze jours après que l'Empereur Napoléon était en Angleterre, ne peut avoir en droit aucun effet ; elle n'offre que le spectacle de la coalition des quatre plus grandes puissances de l'Europe pour l'oppression d'un seul homme; coalition que désavouent l'opinion de tous les peuples, comme tous les principes de la saine morale. Les Empereurs d'Autriche et de Russie, le Roi de Prusse, n'ayant de fait, ni de droit, aucune action sur la personne de l'Empereur Napoléon, ils n'ont pu rien statuer relativement à lui.

» Si l'Empereur Napoléon eût été au pouvoir de l'empereur d'Autriche, ce prince se fût ressouvenu des rapports que la religion et la nature ont mis entre un père et un fils, rapports qu'on ne viole jamais impunément. Il se fût ressouvenu que quatre fois Napoléon lui a restitué son trône : A Léoben, en 1797, et à Lunéville en 1801, lorsque ses armées étaient sous les murs de Vienne; à Presbourg, en 1806, et a l'entrevue de Dresde, en 1809.

» Si la personne de l'Empereur Napoléon eût été au pouvoir de l'Empereur Alexandre, il se fût ressouvenu des liens d'amitié contractés à Tilsitt, à Erfurt, et pendant douze ans d'un commerce journalier; il se fût ressouvenu de la conduite de l'Empereur Napoléon, le lendemain de la bataille d'Austerlitz, où pouvait le faire prisonnier avec les débris de son armée, il se contenta de sa parole et lui laissa opérer sa retraite; il se fût ressouvenu des dangers que personnellement l'Empereur Napoléon a bravés pour éteindre l'incendie de Moscou, et lui conserver cette

capitale ; certes, ce prince n'eût pas violé les devoirs de l'amitié et la reconnaissance envers un ami dans le malheur.

» Si la personne de l'Empereur Napoléon eût été même au pouvoir
du roi de Prusse, ce souverain n'eût pas oublié qu'il a dépendu de l'Empereur, après Friedland, de placer un autre prince sur le trône de Ber-
lin ; il n'eût point oublié un ennemi désarmé, les protestations de dévouement et les sentiments qu'il lui témoigna en 1812, aux entrevues de
Dresde. Aussi, voit-on par les articles 2 et 3 dudit traité que, ne pouvant
influer en rien sur le sort et la personne de l'Empereur Napoléon, qui
n'est pas en leur pouvoir, ces princes s'en rapportent à ce que fera là-
dessus Sa Majesté Britannique, qui se charge de remplir toutes les obli-
gations.

» Ces princes ont reproché à l'Empereur Napoléon d'avoir préféré la
protection des lois anglaises à la leur.

» Les fausses idées que l'Empereur Napoléon avait de la libéralité des
lois anglaises et de l'influence d'un peuple grand, généreux et libre, sur
son gouvernement, l'ont décidé à préférer la protection de ses lois à celle
de son beau-père ou de son ami.

» L'Empereur Napoléon a toujours été le maître de faire assurer ce
qui lui était personnel par un traité diplomatique, soit en se remettant
à la tête de l'armée de la Loire, soit en se mettant à la tête de l'armée de
la Gironde, que commandait le général Clausel ; mais ne cherchant désormais que la retraite et la protection d'une nation libre, soit anglaise,
soit américaine, toutes stipulations lui ont paru inutiles. Il a cru le peuple anglais plus lié par sa démarche franche, noble et pleine de confiance, qu'il ne l'eût pu être par les traités les plus solennels. Il s'est
trompé ; mais cette erreur fera à jamais rougir les vrais Bretons ; et dans
la génération actuelle comme dans la génération future, elle sera une
preuve de la déloyauté de l'administration anglaise.

» Des commissaires Autrichiens et Russes sont arrivés à Sainte-Hélène ; si leur mission a pour but de remplir une partie des devoirs que
les Empereurs d'Autriche et de Russie ont contractés par le traité du
2 août, et de veiller à ce que les agents anglais, dans une petite colonie
au milieu de l'Océan, ne manquent pas aux égards dus à un prince lié
avec eux par les liens de parenté et par tant d'autres rapports, on reconnaît dans cette démarche des marques du caractère de ces souverains.
Mais vous avez, Monsieur, assuré que ces commissaires n'avaient ni
le droit, ni le pouvoir d'avoir aucune opinion sur tout ce qui peut se
passer sur ce rocher.

» Le ministère anglais a fait transporter l'Empereur Napoléon à
Sainte-Hélène, à deux mille lieues de l'Europe. Ce rocher, situé sous le
tropique, à cinq cents lieues de tout continent, est soumis à la chaleur
dévorante de cette latitude. Il est couvert de nuages et de brouillard les
trois-quarts de l'année ; c'est à la fois le pays le plus sec et le plus hu-
mide du monde. Ce climat est le plus contraire à la santé de l'Empereur. C'est la haine qui a présidé au choix de ce séjour, comme aux
instructions données par le ministère anglais aux officiers commandant
dans ce pays. On leur a ordonné d'appeler l'Empereur, général, voulant
obliger à reconnaître qu'il n'a jamais régné en France, ce qui l'a décidé
à ne pas prendre un nom d'incognito, comme il y était résolu en sortant
de France.

» Premier magistrat à vie de la République, sous le titre de premier

Consul, il a conclu le préliminaire de Londres et le traité d'Amiens avec le roi de la Grande-Bretagne.

» Il a reçu pour ambassadeurs lord Cornwalis, M. Merry, lord Withworth, qui ont séjourné en cette qualité à sa cour. Il a accrédité auprès du roi d'Angleterre le comte Otto et le général Andreossi, qui ont résidé comme ambassadeurs à la cour de Windsor.

» Lorsque après un échange de lettres entre les ministères des affaires étrangères des deux monarchies, lord Landerdale vint à Paris, muni des pleins pouvoirs de l'Empereur Napoléon, et séjourna plusieurs mois à la cour des Tuileries ; lorsque depuis, à Châtillon, lord Castelreagh signa l'ultimatum que les puissances alliées présentèrent aux plénipotentiaires de l'Empereur Napoléon, il reconnut par là la quatrième dynastie. Cet ultimatum était plus avantageux que le traité de Paris ; mais on exigeait que la France renonçât à la Belgique et à la rive gauche du Rhin, ce qui était contraire aux propositions de Francfort et aux proclamations des puissances alliées, ce qui était contraire au serment par lequel, à son sacre, l'Empereur avait juré l'intégrité de l'Empire. L'Empereur prescrivit alors que ces limites naturelles étaient nécessaires à la garantie de la France, comme à l'équilibre de l'Europe. Il pensait que la nation française, dans les circonstances où elle se trouvait, plutôt que de s'en départir, devait courir toutes les chances de la guerre. La France eût obtenu cette intégrité, et avec elle conservé son honneur, si la trahison n'était venue au secours des alliés.

» Le traité du 2 août, le bill du parlement britannique appellent l'Empereur Napoléon seulement Bonaparte, et ne lui donnent que le titre de général.

» Le titre de général Bonaparte est sans doute éminemment glorieux : l'Empereur le portait à Lodi, à Castiglione, à Rivoli, à Arcole, à Léoben, aux Pyramides, à Aboukir. Mais depuis dix-sept ans, il a porté celui de premier Consul et d'Empereur ; ce serait donc convenir qu'il n'a été ni premier magistrat de la République, ni souverain de la quatrième dynastie. Ceux qui pensent que les nations sont des troupeaux qui, de droit divin, appartiennent à quelques familles, ne sont ni du siècle, ni même dans l'esprit de la législature anglaise qui changea plusieurs fois l'ordre de sa dynastie, parce que les grands changements survenus dans les opinions auxquelles n'avaient point participé les princes régnants, les avaient rendus ennemis du bonheur et de la grande majorité de cette nation ; car les rois ne sont que des magistrats héréditaires, qui n'existent que pour le bonheur des nations, et non les nations pour la satisfaction des rois.

» C'est le même esprit de haine qui a ordonné que l'Empereur Napoléon ne pût écrire ni recevoir aucune lettre sans qu'elle fût ouverte et lue par le ministre anglais et les officiers de Sainte-Hélène.

» On lui a, par là, interdit la possibilité de recevoir des nouvelles de sa mère, de sa femme, de son fils, de ses frères ; et lorsque, voulant se soustraire aux inconvénients de voir ses lettres lues par des officiers subalternes, il a voulu envoyer des lettres cachetées au Prince Régent, on a répondu qu'on ne pouvait se charger que de laisser passer les lettres ouvertes ; que telles étaient les instructions du ministère. Cette mesure n'a pas besoin de réflexion : elle donne d'étranges idées de l'esprit de l'administration qui l'a dictée ; elle serait désavouée à Alger même !

» Des lettres sont arrivées pour les officiers généraux de la suite de l'Empereur ; elles étaient décachetées et vous furent remises ; vous ne les avez pas communiquées, parce qu'elles n'étaient pas passées par le canal du ministère anglais ; il fallut leur faire refaire quatre mille lieues, et ces officiers eurent la douleur de savoir qu'il existait sur ce rocher des nouvelles de leur femme, de leur mère, de leurs enfants, et qu'ils ne pouvaient les connaître que dans six mois!!! Le cœur se soulève.

» On n'a pas pu obtenir d'être abonné au *Morning-Chronicle*, au *Morning-Post*, à quelques journaux français ; de temps à autre, on fait passer à Longwood quelques numéros dépareillés du *Times*.

» Sur la demande faite à bord du *Northumberland*, on a envoyé quelques livres ; mais tous ceux relatifs aux affaires des dernières années ont été soigneusement écartés. Depuis, on a voulu correspondre avec un libraire de Londres, pour avoir directement des livres dont on pouvait avoir besoin, et ceux relatifs aux événements du jour : on l'a empêché.

» Un auteur anglais ayant fait un voyage en France, et l'ayant imprimé à Londres, prit la peine de nous l'envoyer pour l'offrir à l'Empereur ; mais vous n'avez pas cru pouvoir le lui remettre, parce qu'il ne vous était pas parvenu par la filière de votre gouvernement. On dit aussi que d'autres livres envoyés par leurs auteurs, n'ont pas été remis, parce qu'il y avait sur l'inscription de quelques-uns : à l'Empereur Napoléon, et sur d'autres : à Napoléon-le-Grand. Le ministère anglais n'est autorisé à ordonner aucune de ces vexations.

» La loi, quoique inique, considère l'Empereur Napoléon comme prisonnier de guerre ; or, jamais on n'a défendu aux prisonniers de guerre de s'abonner aux journaux, de recevoir les livres qui s'impriment : une telle défense n'est faite que dans les cachots de l'inquisition. L'île de Sainte-Hélène a dix lieues de tour ; elle est inabordable de toutes parts ; des bricks enveloppent la côte ; les postes, placés sur le rivage, peuvent se voir de l'un à l'autre, et rendent impraticable la communication avec la mer. Il n'y a qu'un seul petit bourg, James-Town, où mouillent et d'où s'expédient les bâtiments.

» Pour empêcher les individus de s'en aller de l'île, il suffit d'exercer la côte par terre et par mer. En interdisant l'intérieur de l'île, on ne peut donc avoir qu'un but, celui de priver d'une promenade de huit ou dix milles qu'il serait possible de faire à cheval, et dont, d'après la consultation des hommes de l'art, la privation abrège les jours de l'Empereur. On a établi l'Empereur dans la position de Longwood, exposé à tous les vents ; terrain stérile, inhabité, sans eau, n'étant susceptible d'aucune culture.

» Il y a une enceinte d'environ douze cents toises incultes. A onze ou douze cents toises sur un mamelon, on a établi un camp ; on vient d'en placer un autre à la même distance, dans une direction opposée ; de sorte que, au milieu de la chaleur du tropique, de quelque côté qu'on regarde, on ne voit que des camps. L'amiral Malcolm, ayant compris l'utilité dont, dans cette position, une tente serait pour l'Empereur, en a fait établir une, par ses matelots, à vingt pas de la maison. C'est le seul endroit où l'on puisse trouver de l'ombre.

» Toutefois, l'Empereur n'a lieu que d'être satisfait de l'esprit qui anime les officiers et soldats du brave 53ᵉ, comme il l'avait été de l'équipage du *Northumberland*. La maison de Longwood a été construite pour servir de grange à la ferme de la compagnie ; depuis, le sous-gouverneur y a fait établir quelques chambres ; elle lui servait de maison de campagne, mais elle n'était en rien convenable pour une habitation. Depuis un an qu'on y est, on y a toujours travaillé, et l'Empereur a constamment eu l'incommodité et l'insalubrité d'habiter une maison en construction.

» La chambre dans laquelle il couche est trop petite pour contenir un lit d'une dimension ordinaire ; mais toute bâtisse à Longwood prolongerait l'incommodité des ouvriers.

» Cependant, dans cette misérable île, il existe de belles positions, offrant de beaux arbres, des jardins et d'assez belles maisons ; entre autres, Plantation-House ; mais des instructions positives du gouvernement vous interdisent de donner cette maison, ce qui eût épargné beaucoup de dépenses employées à bâtir, à Longwood, des cahutes couvertes de papier goudronné, et qui déjà sont hors de service.

» Vous avez interdit toutes correspondances entre nous et les habitants de l'ile ; vous avez mis, de fait, la maison de Longwood au secret ; vous avez même entravé les communications avec les oficiers de la garnison. On semble s'être étudié à nous priver du peu de ressources qu'offre ce misérable pays, et nous y sommes comme nous serions sur le rocher de l'Ascension. Depuis quatre mois que vous êtes à Sainte-Hélène, vous avez, Monsieur, empiré la position de l'Empereur. Le comte Bertrand vous a fait observer que vous violiez même la loi de votre législature : que vous fouliez aux pieds les droits des officiers généraux, prisonniers de guerre ; vous avez répondu que vous ne connaissiez que la lettre de vos instructions, qu'elles étaient pires encore que vous paraissait votre conduite.

» J'ai l'honneur,

» Signé le Comte de Montholon.

» *P. S.* J'avais signé cette lettre, Monsieur, lorsque j'ai reçu la vôtre du 17. Vous y joignez le compte par aperçu d'une somme annuelle de vingt mille livres sterling , que vous jugez indispensable pour subvenir aux dépenses de l'établissement de Longwood, après avoir fait toutes les réductions que vous avez cru possibles. La discussion de cet aperçu ne peut nous regarder en aucune manière : la table de l'Empereur est à peine du strict nécessaire ; tous les approvisionnements sont de mauvaise qualité, et quatre fois plus chers qu'à Paris.

» Vous demandez à l'Empereur un fonds de douze mille livres sterling, votre gouvernement ne vous allouant que huit mille livres pour toutes ces dépenses.

» J'ai eu l'honneur de vous dire que l'Empereur n'avait reçu, ni écrit aucune lettre, et qu'il ignorait complètement tout ce qui se passe ou a dû se passer en Europe. Transporté violemment sur ce rocher, sans pouvoir recevoir ou écrire aucune lettre , il se trouve aujourd'hui entièrement à la discrétion des agents anglais.

» L'Empereur a toujours désiré et désire pourvoir lui-même à toutes ses dépenses quelconques, et il le fera aussitôt que vous le lui rendrez possible, en levant l'interdiction faite aux négociants de l'île de servir sa correspondance, et qu'elle ne sera soumise à aucune inquisition de votre part ou d'aucun de vos agents. Dès que l'on connaîtra, en Europe, les besoins de l'Empereur, les personnes qui s'intéressent à lui enverront les fonds nécessaires pour y pourvoir.

» La lettre de lord Bathurst, que vous m'avez communiquée, fait naî-

3.

tre d'étranges idées ! Vos ministres ignoreraient-ils donc que le spectacle d'un grand homme aux prises avec l'adversité est le spectacle le plus sublime?

» Ignorent-ils donc que Napoléon à Sainte-Hélène, au milieu des persécutions de toute espèce, auxquelles il n'oppose que la sérénité, est plus grand, plus sacré, plus vénérable que sur le premier trône du monde où, si longtemps, il fut l'arbitre des rois ? Ceux qui, dans cette position, manquent à Napoléon, n'avilissent que leur propre caractère et la nation qu'ils représentent. »

EXTRAIT DE L'EXIL ET CAPTIVITÉ DE NAPOLÉON.

Pages 200 et 201.

« Santini, contre son attente, s'y trouva emprisonné de nouveau ; il y fit grand bruit, tourmenta, ne cessant de réclamer un jugement, soit pour être fusillé, disait-il, s'il y avait lieu, soit pour jouir de sa liberté, si on n'avait rien à lui reprocher. On finit par dire qu'on ne lui reprochait rien ; mais que sa liberté entière présenterait de grandes difficultés ; qu'on ne pouvait le laisser aller en tout pays, et qu'on lui donnait le seul choix de l'Angleterre ou l'Autriche. Santini répondit qu'il ne retournerait pas sur le sol où gouvernaient les bourreaux de son maître.

» On le conduisit alors à Brünn, capitale de la Moravie, où il lui fallut faire serment de s'abstenir de rechercher aucune correspondance étrangère.

» En y arrivant, il s'y trouva, il est vrai, sous une surveillance spéciale ; mais là, dit Santini, finirent ses persécutions et ses peines ; là commença une meilleure condition. Sa captivité, ajouta-t-il, devint même un bienfait, et la reconnaissance en remplit son cœur. Il s'y trouva aussitôt entouré de soins et d'intérêt ; la bienveillance, depuis le plus haut rang jusqu'à la dernière classe, fut générale et effective.

» Les habitants avaient vu deux fois Napoléon, en ennemi, il est vrai, et pourtant ils lui portaient une vénération profonde. C'est là, que Santini a vu s'écouler trois années qu'il appelle heureuses.

» Il avait été recommandé, d'autorité supérieure, à Brünn surtout, qu'on veillât à ce que Santini ne fit parvenir aucun écrit à l'Empereur François. Quand ce monarque se rendit à Troppau, il s'arrêta à Brünn, et Santini dit que, deux jours auparavant, il était arrivé un agent de police de Vienne, pour veiller à ce qu'il ne pût parvenir rien de lui jusqu'à l'Empereur. On surveillait le cœur de François autant que celui de Marie-Louise ; on se défiait des émotions de tous deux, on les redoutait !!!

» Toutefois, les précautions furent vaines. Santini avait intéressé les plus hauts personnages, et il s'y était pris de loin. Une pétition de lui, sur les traitements qu'il éprouvait, arriva aux mains du monarque. Santini s'y plaignait de sa situation pécuniaire, de la privation de sa liberté, et il produisait les attestations qu'il avait apportées de Sainte-Hélène, et notamment le titre de la pension que lui avait assurée Napoléon. Ce titre sembla beaucoup frapper l'empereur François ; il ne revenait pas de sa terreur. Il était signé du grand maréchal, et portait en tête : Par ordre exprès de l'Empereur Napoléon. Il y était dit qu'il était fait une pension de telle somme à Santini, et qu'elle lui serait payée par les premiers amis de l'Empereur auxquels il la présenterait.

» Mais c'est terrible, disait l'Empereur François en la considérant ; il est prisonnier à Sainte-Hélène, et pourtant il continue de donner des ordres comme si de rien n'était !

» Toutefois, il fit remettre une première somme à Santini. Quant à la pension, elle ne fut pas servie par des parents de Napoléon ; et les deux premiers émargements, sur le brevet de cette pension, se trouvent être précisément au nom d'un sang étranger ; ceux de la princesse Stéphanie de Bade et de l'Empereur d'Autriche ; l'une la fille adoptive, l'autre le beau-père !!! »

CERTIFICAT.

« Giovan-Natale Santini, natif du département de la Corse, a servi l'Empereur pendant plusieurs années ; il a occupé différentes places dans sa maison, entre autres celle d'huissier, et a servi l'Empereur avec zèle et fidélité.

» Il l'a suivi à l'île d'Elbe et à Sainte-Hélène, et a quitté avec la permission de l'Empereur Napoléon.

» Sainte-Hélène, le 19 octobre 1816,

» Le Comte BERTRAND. »

« Ce 24 avril 1821, à Longwood.

» Ceci est mon codicille, ou acte de ma dernière volonté :

» Sur les fonds remis en or à l'Impératrice, dont je dispose par le présent codicille, afin de récompenser mes plus fidèles serviteurs que je recommande, du reste, à la protection de ma chère Marie-Louise : je lègue vingt-cinq mille francs à Santini, mon ancien huissier (1). »

DISCOURS DE LORD HOLLAND DANS LA CHAMBRE DES LORDS.

« 18 mars 1817.

» L'ordre du jour ayant été lu,

» Lord Holland dit qu'en se levant pour appeler l'attention de Leurs Seigneuries sur la motion dont il avait donné avis, il désirait bien faire comprendre les motifs qui l'avaient induit à la présenter.

» S'il pouvait être à un certain degré influencé par la compassion et l'humanité en faveur de l'homme qui avait été exilé d'une manière si ex-

---

(1) Ce legs de Napoléon à Santini n'a jamais été payé. Ce pauvre serviteur est le seul qui ait été oublié par les exécuteurs testamentaires de l'Empereur.

traordinaire à Sainte-Hélène; son principal, sinon son unique motif, n'en était pas moins de préserver le caractère du parlement et du pays de la tache qu'il encourrait, si Napoléon Bonaparte était traité d'une manière rigoureuse et sans générosité. Il ne désirait pas entrer de nouveau dans la discussion de la justice ou de la politique de l'emprisonnement de Bonaparte dans l'île de Sainte-Hélène ; il était prêt à admettre que les ministres de Sa Majesté, en présentant la mesure très extraordinaire par laquelle le parlement avait sanctionné cet emprisonnement, avaient l'opinion publique avec eux; et il ne se sentait pas actuellement disposé à mettre de nouveau la mesure en question. On savait par quels motifs il s'était opposé à cette mesure ; mais il n'était pas assez vain pour s'imaginer que les opinions alors exprimées par lui, et qui s'étaient trouvées en désaccord avec les deux Chambres, auraient aucun poids aujourd'hui.

» S'abstenant donc de considérer toutes les questions relatives à la justice ou à la politique de l'exil et de l'emprisonnement de Bonaparte à Sainte-Hélène, il envisageait simplement le traitement personnel dont il était l'objet au point de vue de l'honneur du parlement et du pays, auxquels il voulait épargner l'odieux qui ne manquerait pas de s'attacher, dans l'opinion publique, non seulement de ce pays, mais de toute l'Europe, à toute sévérité, à toute dureté inutile envers Napoléon Bonaparte.

» Il voulait aussi que le caractère du parlement et du pays fût intact aux yeux de la postérité, qui ne manquerait pas de juger sévèrement tous les actes de rigueur inutile envers un homme ainsi exilé, et ainsi retenu prisonnier.

» Quant aux autres motifs qu'on pourrait lui prêter, si son caractère et sa conduite ne suffisaient pas pour le mettre à l'abri d'imputations de cette nature, rien, certainement, à son avis, ne pourrait le faire.

» Pensant toutefois, que le caractère qu'il avait toujours soutenu, la conduite dans laquelle il avait toujours persévéré, le garantissaient efficacement de pareilles imputations, il se sentait pleinement autorisé à les traiter avec un suprême mépris. Il n'avait été influencé, dans l'occasion actuelle, par aucune hostilité politique contre les ministres de Sa Majesté ; il était aussi soucieux de l'honneur du gouvernement que de celui du parlement et du pays, et c'est pour cela qu'il voulait leur épargner la tache que leur imprimerait le traitement rigoureux et sans générosité de Bonaparte.

» Sur quels motifs avait appuyé la mesure qui donnait au gouvernement de Sa Majesté le pouvoir d'emprisonner Bonaparte à Sainte-Hélène? Sur ce que cet emprisonnement pouvait seul assurer le repos de l'Europe, et par suite, celui de ce pays. La nécessité était donc la base expresse d'une mesure si extraordinaire et, sans aucun doute, le parlement, en l'adoptant, n'avais jamais pensé que la sévérité pût aller au delà de ce qui était nécessaire pour s'assurer de la personne du prisonnier.

» Dans une autre occasion le noble et savant lord, assis sur le sac de laine, avait fort bien dit: « Que la nécessité limite ce que la nécessité crée. » Appliquant ce principe au cas de Napoléon Bonaparte, il devait dire que les seules restrictions qu'il fût permis de lui imposer, étaient celles que nécessitait la garde de sa personne. Le parlement n'avait aucune autre espèce de restriction en vue, quand le bill pour la bonne garde de Bonaparte avait été adopté, et c'était dans ce but qu'on avait choisi Sainte-Hélène. Le choix de ce lieu était, sous d'autres rapports, accompagné d'inconvénients considérables; il croyait pouvoir dire qu'il imposait au pays une dépense de cent à deux cent mille livres. Cette évaluation pouvait être exagérée; mais certainement les frais de la garde de Bonaparte étaient beaucoup plus considérables à Sainte-Hélène, que dans toute autre situation; s'il était après cela nécessaire d'imposer de sévères restrictions au prisonnier, Sainte-Hélène avait été fort mal à propos choisie.

» Cependant il espérait voir prouver, d'une manière satisfaisante, que tous les bruits qui couraient au sujet du rigoureux traitement dont Bonaparte serait l'objet, étaient dépourvus de tout fondement, et si tel était le résultat de la discussion, il s'en réjouirait grandement pour sa part. Son but était de donner une occasion bien distincte de montrer que les rumeurs répandues sur ce point n'avaient aucun fondement, ou si elles étaient vraies en partie, que le parlement intervînt pour corriger les choses.

» En présentant cette motion, il demandait à protester contre la plus légère intention de jeter une imputation quelconque sur Hudson-Lowe, officier qu'il savait posséder de bonnes qualités, et qui ne dépassait pas, il en était sûr, les instructions dans le traitement du captif.

» Après la part qu'il (lord Holland) avait prise dans la discussion du bill, concernant la garde de Napoléon Bonaparte, et sa protestation insérée dans les journaux, les plaintes touchant le traitement du prisonnier devaient naturellement lui parvenir avant la généralité du public. Aussi durant les trois ou quatre derniers mois, plusieurs rumeurs relatives à la conduite suivie envers Bonaparte lui étaient-elles parvenues; mais comme elles étaient dépourvues de tout caractère d'authenticité, il n'avait pas cru devoir s'y arrêter. A la fin, une relation avait paru, portant au premier aspect un cachet d'autorité, et renvoyant à des documents qui lui donnaient un air d'authenticité. Il déplorait la publication de pareilles relations sur ce sujet; il eût voulu la retarder jusqu'à ce que le parlement les ayant examinées, la réfutation eût pu venir en même temps. Ces papiers, toutefois, ayant été publiés rendaient doublement impérieux le devoir de prendre quelques mesures pour démontrer la fausseté des faits allégués ou, s'ils avaient quelque fond de vérité, pour réformer le traitement dont on se plaignait.

» Quant aux allégations elles-mêmes, on disait que de nouvelles restrictions avaient été imposées à Bonaparte, en ce qui regardait l'espace qu'on lui avait d'abord alloué pour prendre de l'exercice. Il croyait Sainte-Hélène un assez bon climat, généralement parlant; mais il n'en était pas moins vrai, d'après ce qu'il avait appris, que la partie supérieure de l'île où Bonaparte était confiné, avait une nature de climat qui, par son humidité, devait aggraver les maux de l'emprisonnement. On disait aussi que les heures où l'on pouvait prendre de l'exercice avec le plus de confort, et de la manière la plus propice à la santé, étaient précisément celles durant lesquelles on interdisait l'entrée et la sortie à Longwood. Ce point méritait, sans aucun doute, une enquête; les maux de la captivité ne devaient pas être inutilement aggravés.

» On assurait également que Bonaparte était privé des moyens de s'abonner aux journaux ou de se procurer les livres dont il avait besoin; et cela suffirait encore dans son opinion à lui, lord Holland, pour ordonner une enquête parlementaire. Il cherchait en vain à s'imaginer quelle raison pouvait exister pour refuser à Bonaparte la permission de recevoir les journaux dont il avait besoin, s'il désirait s'instruire des événements récents ; et on ne pouvait voir dans une pareille restriction, si elle existait, qu'une aggravation inutile des calamités de l'emprisonnement.

» Un autre motif de plainte était l'autorisation refusée à Bonaparte, d'envoyer une lettre cachetée au Prince Régent. On avait informé le prisonnier, que cette lettre devait être d'abord ouverte et lue à Sainte-Hélène.

» Cela soulevait une question de non médiocre importance, surtout dans le moment actuel où les libertés du peuple étaient laissées à la disposition du gouvernement de Sa Majesté.

» Etait-il à endurer que des personnes détenues prisonnières , n'eussent pas les moyens de faire parvenir leurs plaintes au souverain ; et que lorsque le sujet de la plainte pouvait impliquer la conduite de l'individu sous la garde duquel elles étaient placées , cet individu eût le pouvoir d'examiner le contenu de la lettre et de rendre impunément le traitement du prisonnier rigoureux et vexatoire ?

» Il ne savait de quelle loi pouvait dériver pareille autorité. On dirait peut-être que la loi n'avait pu prévoir une emprisonnement de la nature de celui auquel Napoléon Bonarparte était condamné; mais pour lui, il ne pouvait concevoir qu'aucun principe général de droit fût interprété de manière à empêcher l'illustre personnage, exerçant les fonctions de la souveraineté, d'user de sa propre discrétion pour recevoir ou ne pas recevoir une lettre cachetée. On dirait peut-être encore , qu'il y avait une étiquette à observer sur ce point ; mais dans tous les cas, il croyait que si cette étiquette existait, elle devait, au moins, parvenir dans cet état au bureau du ministre.

» Il était prêt à reconnaître qu'il ne concevait pas de permettre une correspondance sans limites à un homme placé dans l'état d'emprisonnement où se trouvait Bonaparte ; mais c'était aller beaucoup trop loin, en ne lui permettant pas de solliciter la clémence du Régent, pour adoucir sa situation, ou d'écrire la relation de ses anciens actes. Beaucoup de préjugés avaient été exécutés contre lui. On lui avait imputé beaucoup de crimes ; quelques-uns justement, d'autres injustement ; et certainement la simple équité voulait qu'on lui permît de se défendre, de détruire, s'il le pouvait, les impressions qui existaient contre lui : d'en appeler à la postérité du jugement de ses contemporains. Ne pas lui permettre de le faire, c'était causer une véritable perte au monde, en le privant d'informations importantes et précieuses.

» Il en venait maintenant à la partie financière du sujet. D'après l'exposé du Comte Montholon, auquel il avait fait allusion tout à l'heure, la somme de 20,000 livres par an, le montant primitivement fixé pour l'entretien de Bonaparte, paraissait avoir été réduite à 8,000 livres.

» On lui demanderait peut-être, comment lui, constant partisan des réductions dans toutes les branches du budget, il pouvait être hostile à celles de l'établissement de Bonaparte ?

» A cela, il avait à répondre que si Bonaparte était détenu dans tout autre lieu, il croyait 8,000 livres par an suffisantes ; mais Sainte-Hélène avait été choisie pour lieu de son emprisonnement, parce qu'elle offrait les plus grands moyens de sécurité.

» En revanche, les plus simples conforts et les nécessités de la vie y étaient énormément chers. Tel était le point de vue sous lequel il objectait à la réduction de la somme annuelle allouée jusqu'ici pour l'entretien de Bonaparte, parce qu'on ne pouvait, sans doute, vouloir le priver des moyens de se procurer ces conforts ordinaires et ces nécessités de la vie. C'était pourtant là ce qu'on faisait, en lui disant qu'on n'accorderait plus que 8,000 livres, et qu'il devait trouver les 12,000 autres où il pourrait.

» Son plus vif désir était que ces rapports se trouvassent être de simples inventions ; mais il était impossible de fermer les yeux à une allégation de faits.

» Ce n'était pas seulement l'opinion publique du jour, opinion peut-être prévenue et surexcitée, qu'il fallait envisager ; mais le jugement de la postérité, que ne fausserait aucun des motifs qui obscurcissent d'ordinaire le jugement des contemporains. Le jugement de la postérité, on le savait bien, était, en beaucoup de cas, directement contraire aux opinions de ceux au milieu desquels les événements s'étaient accomplis.

» Si l'on prenait pour exemple Marie, Reine d'Ecosse, personne, aujourd'hui, ne doutait qu'elle fut coupable ; mais tout le monde devait regretter que ce glorieux règne d'Elisabeth, eût été si profondément souillé par le traitement rigoureux et cruel de sa rivale. Les allégations de faits, comme il l'avait déjà dit, étaient assez importantes pour mériter l'attention sérieuse de Leurs Seigneuries, et quant à Sainte-Hélène, il était forcé de faire observer qu'avant le départ de Bonaparte de l'île d'Elbe, il avait été question au congrès de Vienne de l'y envoyer.

» Ces rapports étaient trop importants pour ne pas exciter l'attention, car ils touchaient à l'honneur du gouvernement, du parlement et du pays. Il croyait donc qu'il appartenait spécialement à la Chambre de prendre des mesures pour prouver la fausseté de ces rapports ou pour corriger le mal, et puisque le noble Comte placé à la tête de la trésorerie aimait beaucoup les précédents, il lui en citerait un.

» Lorsque feu M. Pitt, en 1798 ou en 1799, avait appris que les rapports les plus calomnieux circulaient en France sur le traitement des prisonniers français en Angleterre, ce ministre avait provoqué lui-même la formation d'un comité d'enquête, devant lequel il avait produit tous les documents relatifs à ce sujet. Le résultat en avait été la complète et triomphante réfutation de tous ces bruits calomnieux, leur mise à néant.

» Dans le cas actuel, il invitait Leurs Seigneuries à prouver de même au monde la fausseté des rapports qui circulaient sur le traitement rigoureux et peu généreux de Napoléon, et si sa motion avait pour résultat de faire sortir de l'enquête des faits capables de détruire tout à fait les allégations publiées, il s'en réjouirait très sincèrement. Tout ce qu'il désirait était qu'une telle occasion fût distinctement offerte, et qu'il fût clairement prouvé qu'aucune tache ne devait rester imprimée sur le pays par suite du traitement de Napoléon. Il n'entendait pas se porter garant de la vérité des rapports dont il venait de parler ; il ignorait complétement s'ils étaient vrais, mais ces rapports se présentaient sous une forme plausible ; ils s'appuyaient au moins sur l'apparence de témoignages authentiques. C'était donc un devoir pour la Chambre, à son avis, de prouver leur fausseté ; où s'ils étaient en partie vrais, de veiller à ce que le traitement de la personne en question fût rectifié, et rendu ce qu'il devait être en bonne et loyale justice.

» Lord Holland conclut par la motion d'une adresse au Prince Régent, pour le prier de communiquer la copie des instructions données au gouverneur de Sainte-Hélène, touchant le traitement personnel de Bonaparte ; leurs dépêches relativement à la demande de Bonaparte d'envoyer une lettre au Prince Régent, et d'obtenir les moyens de faire donner une instruction religieuse aux enfants des personnes qui l'avaient accompagné. Il demandait, dit-il, la communication de ces derniers documents par suite de la rumeur répandue, qu'il n'y avait dans l'île aucune personne de la foi religieuse des exilés français pour donner l'instruction religieuse aux enfants des personnes de la suite de Bonaparte ; or, cette instruction religieuse avait été réclamée. »

9 782012 868960